그리스도인의 열등감

그리스도인의 열등감

© 생명의말씀사 2023

2023년 5월 24일 1판 1쇄 발행

펴낸이 | 김창영
펴낸곳 | 생명의말씀사
등록 | 1962. 1. 10. No.300-1962-1
주소 | 서울시 종로구 경희궁1길 6 (03176)
전화 | 02)738-6555(본사) · 02)3159-7979(영업)
팩스 | 02)739-3824(본사) · 080-022-8585(영업)

기획편집 | 서정희, 김자윤
디자인 | 한예은
인쇄 | 영진문원
제본 | 다온바인텍

ISBN 978-89-04-16823-3 (03230)

저작권자의 허락 없이 이 책의 일부 또는 전체를
무단 복제, 전재, 발췌하면 저작권법에 의해 처벌을 받습니다.

그리스도인의 열등감

박순용 지음

죄로 인한 불청객, 열등감
옛사람을 거부하고
하나님의 형상으로 회복하기까지

생명의말씀사

추천의 글

　본서는 열등감의 원인과 본질을 분석하고 삼위일체 하나님의 사랑과 능력을 통해 열등감에서 겸손한 삶을 사는 길로 초대합니다. 이 책은 열등감이 자신과 타인을 파괴하는 대단히 심각한 문제임을 여러 각도에서 보여줍니다. 열등감을 죄인의 현상으로 이해하는 저자는 은혜의 수단으로 해결되지 않는 열등감은 가족과 공동체와 사회관계를 무너뜨릴 수도 있음을 알립니다. 저자는 열등감을 심리학적 차원이 아니라 삼위일체 하나님의 새 창조 사역으로 해결될 수 있음을 이해하기 쉽게 논증합니다. 하나님 앞에서 새 창조의 자아를 인식할 수 있도록 성경의 본문으로 도와줍니다. 저자는 건강한 자아의 본질과 성장을 위해 하나님의 사랑, 그리스도와의 연합, 성령의 능력을 장별로 해설합니다. 무엇보다도 이 책은 열등감을 극복하는 방법으로 말씀과 성례와 기도와 같은 은혜의 수단을 강조합니다. 어떻게 성령님의 능력으로 열등감의 파괴적인 문제를 해결 받고 다른 사람들을 겸손하게 대하는 건강한 생활을 할 수 있는지 탁월하게 설명합니다. 이 책은 열등감을 계시의 말씀으로 분석하고 해결하는 탁월한 안내서와 길잡이가 될 것입니다.

_ 강대훈(총신대학교 신학대학원 신약학 교수)

　이 시대의 가장 큰 마음의 병은 자신을 다른 사람과 끊임없이 비교하며 느끼는 열등감일 것입니다. 입에 물고 태어난 수저에 따라 운명이 좌우된다는 말은 이 시대를 가장 잘 대변하는 풍자입니다. 이러한 시대의 일그러진 자화상을 바라보며 안타까운 목자의 마음으로 저술한 이 책은 박순용 목사님의 따뜻한 목양의 마음과 정제된 신학이 아름답게 조화를 이룬 회복의 메시지입니다.

이 책의 탁월성은 시대의 문제를 사회적, 심리적 관점이 아닌 성경적인 관점에서 풀어내고 있다는 점입니다. 저자는 시대를 병들게 하는 열등감과 우월감이 죄로 말미암아 파괴된 하나님의 형상이 만들어 내는 "굴절된 자아상"에서 시작한다는 점을 강조합니다. 끊임없이 타인과 비교하며 얻는 열등감과 우월감을 이 시대의 중병으로 규정하고, 저자는 이 시대의 병을 치료하고 회복하는 길로 예수 그리스도를 통한 하나님 형상의 회복을 제시합니다. 자신의 존재 가치를 "예수 안에서" 찾으라는 저자의 외침은 이 시대 자신의 존재 이유와 가치를 상실한 채 방황하는 우리에게 광야의 외침이 될 것입니다.

예수와 연합된 자가 누리는 복이 이 세상의 모든 열등과 교만을 이길 수 있는 진리임을 깨닫는 순간 모든 독자들은 더 이상 이 시대의 거울로 자신을 비춰보지 않고 예수 그리스도로 말미암아 지식에까지 새롭게 함을 받은 존귀한 새로운 피조물로 바라보게 될 것입니다. 성령 하나님이 우리의 회복된 자아를 날마다 새롭게 하심을 기억하며 사랑을 통해 진정한 자아를 회복하라는 저자의 외침은 지식에 머물러 있던 우리의 회복을 일상의 삶으로까지 확장하는 놀라운 도전이 될 것입니다.

이 시대, 회복을 갈망하는 모든 사람들에게 이 책은 성경의 가장 깊은 진리에서 출발하여 가장 실천적인 적용에 이르는 회복의 길의 좋은 길잡이가 될 것입니다.

_ 김성진(아신대학교 구약학 교수)

모든 사람에게는 열등의식이 있습니다. 특별히 우리 한국 사람의 마음에는 깊은 열등감이 있습니다. 다른 사람을 의식하고 비교하는 체면 문화 속에서 살기 때문입니다. 사실 우리 그리스도인들도 열등감에서 자유롭지 않습니다.

그런 의미에서 박순용 목사님의 열등감에 대한 저서는 우리 그리스도인들에게 영적이고 실제적인 유익을 주고 있습니다. 특별히 성경적 관점에서 열등감에 대한 이해를 우리에게 제시해 주고 더 나아가 삶에 적용할 수 있도록 돕고 있습니다.

특별히 이 책은 그리스도의 복음 안에서 이루어지는 하나님의 형상을 회복하는 관점에서 열등감에 대한 치유를 설명하고 있습니다. 열등감은 자존감과 함께 심리학에서 자주 다루는 주제입니다. 심리학은 열등감의 극복을 다양한 인본주의 관점에서 제시합니다. 그러나 심리학이 어떤 통찰을 제공할 수는 있지만 진정한 답을 줄 수는 없습니다. 사람은 하나님의 형상으로 지음을 받았기 때문에 다른 내면의 문제와 같이 열등감의 문제도 하나님과의 관계의 관점에서 이해되고 극복되어야 하기 때문입니다. 이 책은 성경적 관점에서 너무나 명료하게 열등감이 우리의 약함을 볼 수 있는 통로가 된다는 것과 결국에는 그리스도의 사랑 안에서 회복되어 갈 수 있다는 확신을 갖게 합니다.

_ 김 준(총신대학교 신학대학원 목회상담학 교수)

25년쯤 전에 박순용 목사님의 부탁으로 영국의 청교도 리차드 십스의 『꺼져가는 심지와 상한 갈대의 회복』을 번역한 적이 있었습니다. 뜻밖에 그 책이 제게는 갑자기 진행된 영국으로의 유학을 위해 필요한 영어 성적을 대신하는 훌륭한 대체 수단이 되었고, 저는 그런 면에서 목사님께 빚을 지고 있었습니다. (신학교에서는 제가 영어 성적이 없었지만 그 책을 번역했다는 사실을 높이 평가하고 입학을 허락해 주었습니다.) 그래서 이 책의 추천사를 부탁받았을 때는 과거에 목사님께 받은 생각하지 못 했던(?) 도움을 갚아야겠다는 마음에서 수락하고 원고를 읽게 되었습니다. 그런데 책을 읽으면서 이번에도 제가 목사님의 부탁으로 무엇을 해드리는 것 이상으로 오히려 제가 혜택을 입게 됨을 느꼈습니다. PDF 파일로 된 원고를 읽어 나가던 중 밑줄을 긋고 싶은 충동이 자주 일어났으나 종이책이 아니어서 그렇게 할 수 없음이 안타까울 정도였습니다.

열등감이라는 실재적인 주제를 성경에 충실하게 근거하여 차분하고도 치밀하게 설명해 나가는 논리적인 접근은 박순용 목사님이 평소 보배롭게 여기시는 청교도적 통찰력과 분석력을 여실히 드러냅니다. 마치 의사가 환자의 병을 신중하고 엄밀하게 진단하고 그것에 맞는 치료와 약을 처방하고 있는 듯한 인상을 주면서, 역시나 내가 알던 박순용 목사님의 은사가 드러나는 책이라는 생각이 들었습니다. 원고를 읽으면서 책이 출간되는 대로 이 책을 권하고 싶은 성도들의 이름과 얼굴들이 생각났습니다. 이 책이 열등감 문제로 고민하고 어려움을 겪는 많은 성도들에게 일반심리학이 줄 수 없는 성경적 통찰과 처방을 주는 하나님의 도구가 되리라고 확신합니다.

_ 전용호 (오류동남부교회 담임목사, 총신대학교 신학대학원 구약학 겸임교수)

목차

추천의 글 ··· **4**

글을 시작하며 ··· **10**

1 – 하나님의 형상과 죄와 열등감 ··· **17**

2 – 열등감, 죄로 인한 불청객 ··· **45**

3 – 새 피조물인 우리와 열등감 ··· **71**

4 – 성령이 열등감을 비추실 때 ··· **97**

5 – 사랑, 열등감을 이기는 구체적인 열쇠 ··· **123**

6 – 우리가 겸손하면 하나님이 높이신다 ··· **145**

7 – 열등한 존재가 아닌 하나님과의 관계 속의 나 ··· **169**

주 ··· **191**

글을 시작하며

주의 은혜가 나의 열등감보다 큽니다

은혜로 다루어져야 할 중대한 문제인 열등감

  인간은 누구나 어려서부터 쉽게 열등감을 느낍니다. 또한 그 열등감으로 인한 다양한 말과 행동들을 드러내며 살아갑니다. 외적으로 보면 열등감의 원인은 자신과 비교되는 대상들에 있는 듯합니다. 하지만 보다 근본적인 이유는 하나님의 형상으로서의 우리의 인격이 타락으로 말미암아 손상되었기 때문입니다. 우리는 우리와 관계된 다른 존재뿐만 아니라 스스로 자신을 볼 때에도 굴절된 시선을 갖게 되었습니다. 우리 안에 불쑥불쑥 고개를 드는 열등감은 무엇보다 우리의 굴절된 내면으로 인해 생겨나는 정서입니다. 그래서 열등감에 근거한 말과 행동들은 대체로 거칠고 죄악된 형태를 띠며 심지어 파괴적이기까지 합니다.

  그러나 하나님께서는 그리스도인에게 주신 믿음과 은혜를 통하여 우리의 열등감까지 다루십니다. 우리 주님의 은혜는 죄인 된 인간의 타고난 성향이라고 할 수 있는 이런 부분들까지 변화시키십니다. 그 은혜 아래 있는 그리스도인들은 성령의 도우심 속에서 자신의 존재에 대한 새로운 인식을 갖고 왜곡된 자의식을 인식하게 되며 그것을 거슬러 싸울 선한 의지를 갖게 됩니다.

그런데 안타깝게도 그처럼 복된 그리스도인들의 공동체인 교회 안에서도 각 사람의 내면의 열등감이 여전히 다루어지지 않고, 심지어 인식되지도 않은 채로 남아 있는 경우가 많습니다. 그로 인해 관계와 모임, 그 가운데 많은 활동에서 파괴적인 현상들도 빈번하게 일어나곤 합니다. 갈등의 도화선이 되는 구체적인 상황과 사안은 다양합니다. 그러나 어떤 것으로든 남과 비교하며 한편으로는 우월감, 또 한편으로는 열등감에 빠져 자기연민적이고 자기방어적인 언행으로 공동체 안에서 작지 않은 문제를 야기하는 것입니다. 특히 그런 대상이 교회 안에서 조금이라도 책임을 가진 영향력 있는 사람일 경우, 그로 인한 상함과 아픔이 상대적으로 더 크게 남게 됩니다.

우리의 열등감을 말씀과 성령의 은혜로

서로 간의 건강한 관계는 초대교회 때부터 신중하게 어우러져 가야 할 문제였습니다. 사도 바울이 말한 성령의 역사 속에서 세워져 가야 할 교회 공동체의 모습을 들어 보십시오.

그에게서 온몸이 각 마디를 통하여 도움을 받음으로 연결되고 결합되어 각 지체의 분량대로 역사하여 그 몸을 자라게 하며 사랑 안에서 스스로 세우느니라(엡 4:16).

하지만 열등감은 이와 같은 말씀의 성취를 더디게 하거나 좌절시키는 치명적인 원인으로 작용합니다. 이것은 목회적인 차원에서 교회 공동체를 위해 결코 간과할 수 없는 문제로서, 이 책은 많은 그리스도인이 이 문제를 성경에 비추어 실천적으로 적용할 수 있도록 돕고자 하는 간절한 마음으로 집필되었습니다.

이 책은 심리학적인 분석과 설명을 통해 열등감의 문제에 접근하지 않습니다. 그리스도인으로서 우리는 열등감의 문제를 생각할 때도 우리가 그리스도 안에서 새로운 피조물이 되었다는 놀라운 진리를 무엇보다 크게 여길 필요가 있습니다. 그리고 열등감이 그러한 새로운 피조물에게는 결코 어울리지 않는 정서요, 반응이라는 것을 의식하고, 하나님의 말씀에 비추어 우리 안에 불쑥불쑥 다시 일어나는 그 옛사람의 모습을 분별하여 거슬러야 합니다. 그것이 이 책에서 열등감의 문제에 접근하고 다루는 방식입니다.

우리는 그리스도 안에서 새로운 피조물입니다. 우리에게는 열등감을 이기고도 남을 복된 지위가 있습니다. 뿐만 아니라 그리스도인이 된 우리에게는 우리를 향해 멈추지 않는 하나님의 사랑과 성령의 도우심이 있습니다. 정녕 자신이 그리스도께 속한 자요,

또한 그리스도의 몸 된 교회에 속한 자이거든, 이러한 사실을 항상 기억하십시오. 자신이 어떤 자인지를 잊지 마십시오. 주님께서 이 책을 사용하셔서 주의 사랑하는 백성들을 열등감에 따른 삶과 행동에서 보다 더 자유로워지게 하여 주시길, 나아가 한없이 영광스러우신 주께서 자기를 낮추어 우리를 섬기셨듯이 우리 역시 "아무 일에든지 … 겸손한 마음으로 각각 자기보다 남을 낫게 여기는"(빌 2:3) 자 되게 해 주시기를 소망합니다.

1

하나님의 형상과
죄와 열등감

하나님이 자기 형상 곧 하나님의 형상대로 사람을 창조하시되 남자와 여자를 창조하시고 하나님이 그들에게 복을 주시며 하나님이 그들에게 이르시되 생육하고 번성하여 땅에 충만하라, 땅을 정복하라, 바다의 물고기와 하늘의 새와 땅에 움직이는 모든 생물을 다스리라 하시니라(창 1:27-28).

이러므로 남자가 부모를 떠나 그의 아내와 합하여 둘이 한 몸을 이룰지로다 아담과 그의 아내 두 사람이 벌거벗었으나 부끄러워하지 아니하니라(창 2:24-25).

변화되지 않은 자아상

우리가 흔히 '자아상(自我像)'이라고 말하는 인간의 내적 조건은 예수를 믿기 전과 후에 분명한 변화가 있습니다. 그럼에도 오늘날 예수를 믿는다고 하는 사람들 가운데는 이러한 변화를 무색하게 하는 모습이 많습니다. 여기에는 다양한 이유가 있을 수 있습니다. 처음부터 그에게 근본적인 변화가 없었을 수도 있고, 예수로 인한 변화가 있었지만 사탄의 간계와 세상과 육체의 유혹에 넘어져서 그럴 수도 있습니다. 그러나 어느 쪽이든 분명한 사실은 예수를 믿음으로써 내적인 변화로 갖게 되는 인간의 자아상에 대한 이해가 필요하다는 것입니다.

많은 사람이 겉으로는 은혜를 받으며 기독교의 신앙과 삶을 갖고 사는 것처럼 보이지만 실상은 빈번하게 자기 자신과 다른 사람을 힘들게 하는 내적 조건을 갖고 삽니다. 물론 이것은 한두 가지로 설명할 수 있는 것은 아닙니다. 여기서 우리는 소위 '열등감'과 '우월감'의 문제를 성경적으로 정리해 보고자 합니다.

사람들은 흔히 하나님을 잘 믿고, 신앙생활만 잘하면 된다고 생각합니다. 그러나 우리의 내면 조건이 뒤틀려 있으면 그와 더불어 하나님을 섬기고 다른 모든 것들을 대하는 것도 뒤틀리고 굴절된 방식으로 하게 됩니다. 사람들은 자신을 형성한 것으로부터 쉽게 벗어나지 못하는 경향이 있습니다. 그것은 자신의 성장 과정이나 삶의 환경 속에서 형성된 것일 수 있는데, 때로는 과거 경험이 너무 인상 깊거나 충격적이어서 그런 양상을 띄기도 합니다. 지금도 그것을 연구하는 심리학과 정신의학은 계속 발전하고 있어서, 열등감과 우월감으로 드러나는 인간 내면의 다양한 모습과 인간관계에서 오는 문제에 대해 많은 지식을 제공하기도 합니다.

열등감과 우월감에 대한 성경적인 접근

인간은 인류의 대표인 첫 사람 아담의 타락으로 누구나 예외 없이 죄성을 가지고 태어나 굴절된 내면을 갖고 있습니다. 우리는 그러한 인간의 내면을 다양한 방식으로 설명할 수 있지만, 열등감과 우월감이라는 좀 더 익숙한 표현으로 설명할 수도 있습니다. 타락한 인간의 내적 조건을 열등감과 우월감을 오가면서 사는 인간의 모습으로 생각해 볼 수 있는 것입니다.

저는 이미 『기독교 세상의 함정에 빠지다』라는 책에서 심리학의 문제와 한계를 다룬 적이 있습니다.[1] 여기서도 열등감과 우월감의 문제를 단순히 심리학적인 차원에서 접근하여 말하려는 것이 아닙니다. 물론 '타락한 인간의 내적 조건'을 열등감과 우월감으로 설명하는 것이 심리학적으로 말하는 것 아닌가라고 생각할 수도 있고, 자칫 균형을 잃을 위험도 있습니다. 그러나 저는 성경에 근거해서 우리가 공감할 수 있는 표현을 활용하여 이 문제를 다루고자 합니다.

성경적인 개념으로 말하면 열등감과 우월감은 모두 죄와 관련되어 있습니다. 죄성으로부터 오는 것인데 특별히 성경에 나오는 교만 또는 자만심, 자기 사랑 등과 같은 죄와 연관 지어 말할 수 있습니다. 또한 열등감과 우월감을 느끼고 그것을 밖으로 드러내는 것은 자신이 알든 모르든 결국 자신의 죄성을 따라 반응하고 행하는 것입니다. 심리학자나 정신의학자는 그런 인간의 반응을 결코 죄와 연관지어 말하지 않습니다. 그들은 성경이 말하는 죄의 개념을 알지 못하고, 인정하지도 않기 때문입니다. 그들은 그저 인간의 연약한 부분 정도로만 열등감을 다룰 뿐입니다. 그러나 예수를 믿는 우리는 열등감과 우월감이 인간의 죄성을 드러내고 그것에 따라 행하는 것임을 성경을 통해 분명히 보게 됩니다.

인지되지 않은 열등감과 우월감의 파괴성

열등감과 우월감은 자기 자신도 파괴할 뿐만 아니라 주변 사람들까지 파괴합니다. 심리학자나 정신의학자, 특히 임상심리학자 역시 열등감과 우월감을 죄로 이해하진 않지만, 그것의 부정적인 영향에 대해 많은 자료를 제시하고 있습니다.

그런데 제가 이 문제를 다루고자 하는 것은 그러한 죄성을 드러내는 사람들이 교회 안에서도 쉽게 보이기 때문입니다. 죄 사함 받은 그리스도인은 열등감과 우월감으로 드러나는 죄성을 극복해야 할 뿐만 아니라 그것에서 계속적으로 벗어나야 합니다. 그런데 그러지 못하고 심지어 그에 따라 행하는 모습이 죄인지조차 모르는 사람이 너무 많습니다. 예수를 믿으면서도 이 문제를 극복하지 못하고 자유롭지 못한 모습을 제법 흔하게 갖고 드러낸다는 것입니다. 어떤 사람은 예수 그리스도의 구속의 은혜를 입었는지조차 의문을 갖게 할 정도의 모습을 보이기도 합니다.

물론 일시적이거나 간헐적으로 그러한 모습을 갖는 것은 사탄의 간계나 육체의 소욕으로 인해 있을 수 있습니다. 그러나 열등감과 우월감 사이를 오가면서 아예 그것 안에서 살아가는 사람들도 있습니다. 마치 그것으로 똘똘 뭉쳐 있는 것처럼 건강하지 못한 내적 모습을 드러내면서 말입니다. 그런 사람들에게 자신의 모습을 죄로 설명하면 잘 이해하지 못합니다. 그것조차도 열등감과 우월감 차원에서 이해하고 받아들이기 때문입니다.

문제는 삶 속에서 열등감과 우월감을 따라 반복적으로 넘어지고 무너지는 것입니다. 은혜의 방편인 예배와 말씀과 기도 가운데 은혜를 받으면서도, 어떤 이유로든 열등감과 우월감을 느끼면서 무너지고 또 무너지는 것을 반복합니다. 그런 삶의 경험 속에서 우리는 분명 사탄과 육체의 유혹을 원인으로 말할 수 있습니다. 그러나 근본적인 면에서 그것은 예수 그리스도의 십자가 은혜로 인한 변화를 적용하며 누리지 못하기 때문입니다.

중요한 것은 예수 믿는 우리에게 열등감과 우월감은 죄성을 드러내는 파괴적인 것으로 자기 자신과 가까운 사람뿐만 아니라 무엇보다도 교회 공동체를 해한다는 사실입니다. 그래서 이것을 개인만의 내면적인 문제로 볼 것이 아니라 자신의 신앙과 삶을 넘어 교회 공동체에 속한 지체로서의 영향을 생각하여 해결해야 합니다. 특히 교회 안에서 누군가에게 영향을 미치는 위치에 있는 사람은 그것이 공동체적인 죄로 연결되기에 더욱 그러합니다. 우리는 신앙생활을 하면서 예수 잘 믿는 것만 생각할 것이 아니라, 그것을 방해하는 내적인 문제에 대해서도 진지하게 생각해 봐야 합니다.

열등감이 심한 사람은 상대를 자신과 비교 대상으로 두고 밟고 일어서려고 하고 이기려고 합니다. 그러다가 안 되면 그 사람이 없어지기를 바랍니다. 이처럼 열등감에는 죄성이 드러나기 때문에 공동체 안에서 지체들과 한 몸을 세우는 데 있어서 가볍게 생각할 문제가 아닙니다. 특히 교회의 목사나 장로를 비롯해 직분자나 리더십을 가진 사람들이 열등감 속에 있을 때는 더 파괴적일 수 있어서 무섭습니다.

타락 전 본래 인간의 조건

이처럼 타락한 인간의 내적 조건과 관련된 열등감과 우월감의 문제는 가볍게 여길 수 있는 것이 아닙니다. 성경에 비추어서 정확한 해답을 가지고 신앙적으로 극복해야 합니다. 이를 위해 우리는 타락 이전의 인간 조건과 타락 후의 조건 그리고 예수 믿고 난 이후의 조건까지 연결해서 볼 필요가 있습니다. 먼저 이 장에서는 본문을 중심으로 타락 전 인간의 조건을 살펴보려고 합니다. 이것부터 알지 못하면 우리는 자신의 내적인 조건에 대해 올바른 방향을 제시할 수 없습니다.

창세기 1장 27절 본문은 인간을 이해하는 데에 중요하면서도 결정적인 내용을 말하고 있습니다. 바로 인간이 하나님의 형상대로 지음 받았다는 것입니다. 그렇다면 하나님의 형상대로 지음 받았다는 것은 무엇을 말할까요? 이에 대해 사도 바울은 골로새서 3장과 에베소서 4장에서 구체적으로 말해 줍니다. 골로새서 3장 10절에서 바울은 하나님의 형상을 말하면서 "자기를 창조하신 이의 형상을 따라 지식에까지 새롭게 하심을 입은 자"라고 말합니다. 에베소서 4장 10절에서는 이 내용과 병행적인 내용을 말하면서 "하나님을 따라 의와 진리의 거룩함으로 지으심을 받은 새사람"이라고 말합니다. 결국 하나님의 형상대로 지음 받았다는 것은 인간이 지식과 의와 진리를 가지고 그것을 선용할 수 있는 존재, 쉽게 말해 윤리적이고 이성적인 존재로 지음 받았다는 것입니다.

이것은 굉장히 중요한 표현입니다.

신묘막측한 피조물

하나님의 형상에서 '형상'이라는 말은 많은 사람이 설명하듯이 동물이나 다른 피조물과는 달리 인간만이 가진 내면적인 특질을 말합니다. 그렇다면 인간이 가진 짐승과 다른 내면적 특질은 무엇일까요? 역사적으로 앞선 사람들은 하나님의 형상을 정신 구조나 이성 또는 일부 영적인 특징이나 인격, 도덕적인 자각 등으로 설명했습니다.[2] 이처럼 하나님은 인간을 이런 내면적인 특질을 가진 존재로 창조하셨습니다. 인간은 비인격적인 실체에서 진화해서 내면적인 특질을 가진 인격적인 존재가 된 것이 아닙니다. 우주에서 어떤 원소들이 결합해서 거기서 갑자기 단세포가 나오고, 그 단세포에서 다세포로, 그 다세포에서 오랜 세월을 진화해 지금과 같은 내면적인 특질을 가진 인격적인 존재가 되었다는 것은 너무나 허무맹랑한 가설입니다. 그러나 인간은 어리석게도 이런 사실을 과학이라는 이름 아래 믿고 있습니다.

생각해 보십시오. 어떻게 인간이 저절로 지금과 같은 인격적인 존재가 될 수 있겠습니까? 어떻게 인간이 윤리적이고 이성적인 존재로서 지식과 의와 진리를 가지고 그것을 선용할 수 있는 존재로 진화할 수 있단 말입니까? 아무리 고릴라를 훈육하고, 개와 교감을 해봐도 그들에게 생명체의 기능은 보일지 몰라도 의와 진리와 하나님을 경외하는 지식의 기능은 찾아볼 수 없습니다. 동물들이 본능적으로 어떤 기능을 가질 수 있을지는 몰라도 그것을 선용할 수 있는 존재는 결코 될 수 없습니다. 그럼에도 진화론자들은 실제로 불가능한 얘기를 가상적인 전제에 짜 맞추어 설명하면서 그것을 과학적이라고 말하고 있습니다.

하나님을 닮은 하나님의 형상

성경은 인간이 현재와 같은 내면적인 특질을 가진 것이 하나님의 형상을 지녔기 때문이라고 분명히 말씀합니다. 인간이 단순히 다른 모든 피조물과 다르게 창조됐다는 것을 말하는 것이 아닙니다. 이것은 아주 특별한 사실을 말해 줍니다. 하나님의 형상이라는 말이 시사하듯이 우리가 하나님과 닮은 점을 가지고 있다는 것입니다. 이 때문에 인간은 하나님과 독특한 관계를 맺고 있습니다. 이 점이 인간을 다른 모든 피조물과 구분하는 동시에, 그 사실 때문에 하나님은 인간을 하나님의 대리자로 땅에 대한 지배권을 행사하게 하셨습니다. 하나님은 원숭이나 사자나 다른 짐승들에게 땅을 지배하면서 다스리고 충만하라고 말씀하지 않으셨습니다. 지금은 비록 타락한 조건을 가진 인간이지만, 인간이 땅의 지배권을 가지고 충만한 것은 하나님께서 그렇게 말씀하셨기 때문입니다. 이처럼 하나님의 형상과 관련해서 가장 중요한 내용은 인간이 하나님과 비슷한 점을 가졌다는 것입니다. 인격을 가진 도덕적이고 이성적 존재로서, 특히 하나님과 교통할 수 있는 존재로 지음 받았다는 것입니다. 타락 전 인간은 바로 그런 존재의 특징과 복 됨을 따라 하나님과 교통하며 살았습니다.

뿐만 아니라 인간은 다른 사람과의 관계에서도 굴절됨이 없이 건강하고 복된 관계를 맺었습니다. 창세기 2장 25절 본문이 그것을 말하고 있습니다. 아담과 하와는 각각의 고유한 인격을 갖고 도덕적이며 이성적인 반응을 하는 존재임에도 불구하고 둘이 한 몸 됨을 이루는 모습을 가졌습니다. 그들은 벌거벗었으나 서로 부끄러워하지 않았습니다.

여기서 한 걸음 더 나아가 인간은 땅의 모든 피조물에 대해 지배권을 행사했습니다.

"하나님이 그들에게 복을 주시며 하나님이 그들에게 이르시되 생육하고 번성하여 땅에 충만하라, 땅을 정복하라, 바다의 물고기와 하늘의 새와 땅에 움직이는 모든 생물을 다스리라 하시니라"(창 1:28).

이처럼 인간은 그런 내적인 특질을 가지고 땅의 다른 피조물에 대해서 지배권을 행사합니다. 그래서 모든 피조 세계가 인간에게 순응하는 모습을 갖게 된 것입니다.

하나님의 형상인 인간이 누린 관계성

성경에 기록된 이러한 사실은 하나님의 형상을 지닌 인간, 굴절된 것이 전혀 없는 내면적인 특질을 가진 인간이 가진 관계가 어떠했는지를 설명해 줍니다. 인간은 크게 세 가지의 관계 속에서 그 어떤 굴절도 없는 내적 조건을 가지고 살았음을 말해 줍니다.

첫 번째는 하나님과의 관계이고, 다음은 다른 사람과의 관계, 마지막 세 번째는 자연과의 관계입니다. 이것이 하나님께서 인간을 자신의 형상대로 지으시고 두신 관계들입니다. 인간은 모두 이 세 개의 관계 속에서 살아갑니다. 물론 이 세 관계 속에서 가장 우선적인 관계는 하나님과의 관계입니다. 이것이 시작이고 이것으로부터 인간은 다른 존재와의 관계 속에서도 풍성함과 온전함을 갖습니다.

또 이것이 가장 우선적이고 중요한 이유는 하나님께서 인간을 창조하시며 본문 말씀대로 인간에게 복을 주셨기 때문입니다. 이처럼 인간에게 있어서 모든 것의 시작과 근원은 하나님입니다. 그래서 인간으로 존재한다는 것은 앤서니 후크마(A. Hoekema)의 말대로 "하나님을 향해 존재하는 것"입니다.[3] 그는 계속해서 이렇게 덧붙였습니다. "인간은 하나님 덕분에 존재하고 하나님께 전적으로 의존하며 일차적으로 하나님께 책임 있는 피조물이다. 이것이 인간에게 있어 가장 우선적으로 중요한 관계이다."[4]

그뿐만 아니라 하나님의 형상을 지닌 인간으로 존재한다는 것은 다른 사람을 향한 삶을 사는 것도 포함합니다. 창세기 1장 27절에서 "하나님이 자기 형상 곧 하나님의 형상대로 사람을 창조하시되 남자와 여자로 창조하"셨다고 말씀한 것은 단순히 다른 짐승들처럼 성적 구별을 두셨다는 것을 말하는 것이 아닙니다. 성적 구별은 동물들 속에도 있는 것이기 때문에 특기할 만한 사실은 아닙니다. 여기서 남자와 여자로 창조하셨다는 것을 하나님의 형상대로 창조하셨다는 것에 연결해서 말하고 있기 때문에 다른 강조점이 있습니다. 바로 인간 스스로, 특히 혼자로는 완전한 존재가 아니요, 고립된 존재로 살 수 있는 자가 아니라는 것입니다.

사회학자들이 인간을 사회적 동물이라고 표현했지만, 사실은 성경이 먼저 이러한 사실을 말하고 있습니다. 즉 인간은 하나님의 형상대로 지음을 받아 하나님과의 관계 속에서 살아가는 존재일 뿐만 아니라 다른 사람과의 관계 속에서 살아가야 하는 존재라는 사실입니다. 그래서 창세기 2장 18절 이하를 보면, 하나님이 남자와 여자를 동시에 창조하지 않으시고 혼자 사는 아담의 불완전한 조건을 먼저 보여 주시면서 그러한 불완전함을 채워 온전하게 하는 다른 사람을 창조하여 아담과 함께하게 하셨습니다. 이처럼 창세기 2장 24-25절은 인간 상호 간의 건강한 관계가 무엇인지를 보여 줍니다.

마지막으로, 하나님의 형상을 지닌 인간으로 존재한다는 것은 자연과의 관계 속에서 사는 것을 말합니다. 그것은 자연에 대한 지배권을 가진 존재로 사는 것입니다. 본문 1장 27-28절은 그 모습을 하나님의 형상과 연결해서 말해 주고 있습니다. 창세기 2장 15절 이하에서 하나님은 인간에게 에덴을 경작하고 지키라고 함으로써 단순히 자연을 다스리는 것뿐만 아니라 그것을 경작하고 돌볼 것도 말씀하셨습니다. 그러나 인간은 타락으로 인해 세상을 경작하고 돌보는 대신 오히려 '썩어짐의 종노릇'하게 되었습니다(롬 8:21). 그야말로 피조 세계에 파괴와 썩어짐이 있게 되었습니다. 이러한 사실은 인간이 하나님과의 관계와 다른 사람과의 관계 그리고 자연과의 관계와 분리되어 존재할 수 없다는 것을 말해 줍니다. 우리는 자연과 동떨어져 진공 상태에서 살지 않습니다.

이처럼 하나님은 인간을 세 관계 속에서 살아가게 하셨습니다. 이것은 모든 피조물 가운데 인간만이 갖고 있는 것입니다. 짐승이나 그 어떤 피조물도 이러한 세 관계를 직접 교감하면서 살아가지 않습니다. 인간이 이처럼 독특한 존재인 것은 바로 하나님의 형상대로 지음 받았기 때문입니다. 타락하기 전 인간은 이런 삼중적인 관계 속에서 그 어떠한 굴절됨도 없이 그것들을 복 되게 누리며 살 수 있는 존재였습니다.

온전한 외적 관계, 건강한 내적 자아상

그런데 사람들은 하나님의 형상을 지닌 인간에게 또 다른 관계가 있다고 주장합니다. 바로 자기 자신과의 관계입니다. 이것은 분명 부인할 수 없는 사실입니다. 하나님과의 관계, 다른 사람과의 관계, 자연과의 관계와 함께 내 안에 있는 나 자신과의 관계 또한 생각할 내용이라는 것입니다.

그러나 성경은 타락 이전과 관련하여 이 네 번째 관계에 대해서 말하지 않습니다. 오히려 앞에서 언급한 삼중적 관계의 기초로서 자신과의 관계를 말한다고 보는 것이 더 좋습니다. 이 관계는 특히 타락으로 인해 생긴 인간 조건을 말하는 가운데 언급할 수 있는 것입니다. 예를 들면 시편 42편에서 시인은 "내 영혼아 네가 어찌하여 낙심하며 어찌하여 내 속에서 불안해 하는가"라고 말하면서 자신과의 관계에서 생긴 문제를 표현했습니다.

타락 이전의 인간은 앞서 말한 삼중적인 관계는 물론이고, 자신과의 관계에서도 분리감이나 소외감을 전혀 느끼지 못했습니다. 그야말로 삼중적인 관계 속에서 건강한 내면의 조건을 가지고 살았습니다. 흔히 하는 말로 매우 긍정적인 자아상을 가지고 살았던 것입니다.

하나님과의 온전한 관계 속에서 교통하며 건강한 내면 조건을 가졌던 인간의 모습을 한번 생각해 보십시오. 또한 다른 사람과의 관계 속에서 부끄러움이나 관계의 굴절과 막힘, 거북스러운 것이 전혀 없는 모습과, 자연을 잘 다스리고 경작하면서 그 어떤 상함이나 고통도 없이 자연과의 관계 속에서 살아가는 인간의 모습을 생각해 보십시오. 그것이 바로 타락 전 인간의 모습입니다.

타락으로 인해 발생한 비극적인 관계의 훼손

인간이 타락하여 죄를 지니게 되었을 때 인간의 내면 조건에는 큰 변화가 일어났습니다. 인간이 지닌 하나님의 형상이 크게 훼손된 것입니다. 물론 타락 후에도 인간은 하나님의 형상을 계속 지니긴 했습니다. 그래서 이성적이고 도덕적인 기능과 소질, 능력을 여전히 가지고 있지만, 바빙크의 말대로 그 모든 것의 형태와 본질, 성향과 방향이 너무 크게 바뀌게 되었습니다.[5] 칼빈은 인간 안에 있는 하나님의 형상이 타락으로 인해 "변형되고 훼손되며 불구가 되고 질병에 시달리고 뒤틀어진 것으로 묘사"했습니다.[6] 하나님의 형상이 사라지진 않았지만 심각하게 부패되었다는 것입니다. 그 결과 인간이 가진 모든 관계에도 변화가 생겼습니다. 쉽게 말해 나의 내면에 문제가 생기자 나와 관계있는 모든 것에도 문제가 생긴 것입니다. 인간이 맺고 있었던 세 관계뿐만 아니라, 자기 자신과의 관계에서도 파괴와 굴절이 있게 되었습니다.

인간은 하나님과의 관계 속에서 하나님을 의심하며, 하나님 외에 다른 것을 찾는 모습을 보입니다. 이것은 하나님의 형상이 훼손된 조건에서 인간이 하나님을 향해 취하는 보편적 태도입니다. 또한 예수를 만나기 전의 인간은 나면서부터 본성적으로 하나님과의 관계를 싫어합니다. 바로 이것이 인간이 타락하면서 생겨난 관계의 변화입니다.

또한 다른 사람과의 관계에서도 균열이 생겼습니다. 범죄한 아담과 하와는 서로를 탓하면서 관계에 불신과 깨어짐이 있게 됩니다. 더 나아가 죄에 대한 저주로 인해 땅이 인간에게 가시와 엉겅퀴를 내게 됩니다. 그전까지 자연에는 사람에게 고통을 줄 요소가 전혀 없었습니다. 그런데 인간에 대한 자연의 순응적인 관계에 금이 가고 비뚤어짐이 있게 된 것입니다. 그것이 창세기 3장에 기록되어 있는 내용입니다.

그뿐만 아니라 죄로 인해 하나님의 형상이 왜곡되자 자신 안에서도 비뚤어짐이 있게 되었습니다. 그래서 창세기 2장 25절에서는 전혀 수치심을 모르던 인간이 창세기 3장 7절 이하에서는 벗은 것을 부끄러워하게 됩니다. 무화과나무 잎을 엮어서 가리고 하나님의 낯을 피하여 숨는 모습을 보입니다. 또 벗었으므로 두려워하는 내적 반응도 갖게 되었습니다. 이것은 인간의 내면 조건에 생긴 너무나도 큰 변화였습니다. 그리고 지금 이 세상에 태어나 사는 모든 인간이 태생적으로 갖는 내면의 조건이기도 합니다. 하나님과 다른 사람, 자연과의 관계에서뿐만 아니라, 자기 자신 안에서도 비뚤어짐과 왜곡, 굴절이 있는 내면을 태생적으로 갖고 살게 된 것입니다.

보다 은밀하고 치명적인 훼손

여기서 우리가 주목하고자 하는 내용은 바로 우리 자신과의 관계입니다. 앞에서 언급했던 세 관계의 기초인 나에게 생긴 변화,

즉 나 자신과의 관계 말입니다. 타락 전에는 성경이 이 부분에 대해 별도의 언급이 없었을 만큼 인간은 내면의 분리감 같은 것을 알지 못했습니다. 그러나 인간이 죄를 범하고 죄를 지니게 되었을 때 창세기 3장 7절 이하에서 보는 바대로 자신과의 관계에서 즉시 굴절과 왜곡됨 같은 부정적인 내적 조건과 자아상을 갖게 되었습니다.

우리는 이러한 부정적인 내적 조건 또는 자아상이 원래 인간의 조건은 아니라는 사실을 먼저 기억할 필요가 있습니다. 그것은 죄로 인해 생겨난 것이며, 죄를 지님으로써 또 죄성을 따라 반응하는 가운데 계속 갖고 드러내는 것입니다. 이것을 먼저 이해해야만 열등감과 우월감 문제를 성경에 기초하여 정확하게 이해할 수 있습니다.

거듭 말씀드리지만, 타락하기 전 아담과 하와가 하나님과 다른 사람, 자연과의 관계를 바르게 맺고 살았을 때는 자신 안에 어떠한 굴절도 없었습니다. 그러나 인간이 죄를 범하자 하나님과의 관계에 문제가 생겼고, 자신의 내적 조건이 굴절되었다는 것을 느꼈습니다. 그때문에 그는 자기 자신에 대해 비뚤어진 반응을 보였습니다. 그래서 자신이 벗은 것을 스스로 수치스러워했습니다.

이것은 타락한 이 땅의 모든 사람이 예외 없이 자기 자신에게 분리감과 소외감, 왜곡됨을 갖고 경험하는 것을 말해 줍니다. 이로 인해 인간은 하나님을 만남으로써 내면의 변화가 있기 전까지는 자신에 대해 행복해하지 않습니다. 오히려 자신에 대해 불만족하고 수치스러워합니다. 자신을 미워하기도 하고 심지어 자학하면서 스스로 목숨까지 끊어버리기도 합니다. 심한 열등감을 느끼거나 반대로 우월감을 느끼면서, 자신의 실체를 감추고 위장하려고 하거나 실제보다 자신을 더 우월하게 보이려고 애쓰기도 합니다. 이것은 모두 인간의 굴절된 내면의 다양한 모습과 반응들입니다.

우리는 이러한 모습을 먼저는 자기 자신 안에서부터 보게 되고, 또한 가족과 친구, 직장 동료나 거리에서 만나게 되는 모든 사람에게서도 보게 됩니다. 심지어 가장 중요한 전환과 변화를 경험한 자들이 모인 교회 공동체 안에서도 마주합니다.

이 삐뚤어진 모습이 원래 우리의 모습인가

그런데 사람들은 이것을 나면서부터 본성적으로 갖고 드러내기에 이에 대해서 거의 문제의식을 느끼지 않습니다. 오히려 너무 당연하고 자연스러운 것으로 여기면서 자신의 굴절된 내면을 드러냅니다. 심리학자 아들러(A. Adler)는 그런 인간의 보편적인 모습을 근거로 해서 모든 사람이 열등감을 경험한다는 생각을 중심으로 그의 인격론을 주장했습니다. "인간이라는 존재가 된다는 것은 자신이 열등하다는 것을 느끼는 것을 의미한다."[7] 프로이트(S. Freud)의 제자였던 그는 인간이 예외 없이 열등감을 가지고 사는 모습을 보면서 그것을 인간 존재의 특징으로 보았습니다.

그것은 한 가지 조건, 곧 '타락한 인간'이라는 조건 아래 사는 사람들을 두고 말할 때는 부정하지 못할 사실입니다. 비뚤어진 하나님의 형상이 회복되지 않은 인간을 두고 말할 때는 근본적으로 자기 자신에 대해 분리감과 왜곡, 소외감 속에서 열등감을 느끼며 살기에 그 조건에서는 아들러의 견해를 수용할 수 있습니다. 그러나 죄에서 구원받을 때 생기는 변화를 생각하면 그리스도인에게도 열등감을 존재의 특징이라고 말하는 것은 수용하기 어렵습니다.

물론 그리스도인이 되어도 죄성에 이끌려 자신이 열등하다는 생각 속에 살 수 있습니다. 그래서 아들러의 말이 우리에게도 적용되는 것처럼 들릴 수 있습니다. 그러나 그리스도인에게는 이것을 넘어서는 것이 있습니다. 우리가 새로운 피조물이라는 것입니다. 때문에 열등감을 우리 존재의 특징으로 말할 수는 없습니다. 아들러의 말을 그리스도인에게 일반화해서 무조건 적용할 수 없는 것입니다.

물론 예수 그리스도를 믿음으로 비뚤어진 하나님의 형상이 회복되어도 열등감을 느끼게 하는 유혹은 계속 있습니다. 그럼에도 그리스도인에게 열등감은 더 이상 정상적인 삶은 아닙니다. 열등감을 인간 존재의 특징으로 말한 아들러의 말은 적어도 그리스도인에게는 과거형으로 이해되어야 합니다. 그리스도인은 열등감을 넘어서는 새로운 세계를 알고 있기 때문입니다.

자연스럽지도 아름답지도 않은 죄악의 결과

아들러는 인간이 존재의 특징으로 열등감을 느끼는 이유는, 인간이 신과 같이 일종의 완전함에 도달하고 우월감을 추구하려고 하기 때문인 것으로 보았습니다.[8] 그러나 성경은 그런 이유를 죄라고 말합니다. 우리는 사탄이 인간에게 하나님과 같이 될 수 있다고 말한 것에서 열등감을 조장하는 것을 보게 됩니다. 그리고 하나님 없이 더 좋고 안정된 조건, 더 높은 지위와 단계에 오르려고 하는 가운데 결국 열등감을 느끼기 시작하는 것을 봅니다. 창세기 3장 1-6절은 바로 그런 내용을 말해 주고 있습니다. 그런 면에서 열등감과 우월감은 동전의 양면처럼 연결되어 있습니다.

특이하게도 인간은 남보다 더 높아지려고 하는 가운데 열등감을 느낍니다. 성경은 그런 파괴적인 열등감을 교만으로 언급합니다. 실제로 교만하면 열등감이 자연스럽게 따라옵니다. 여러분의 삶의 경험 세계로 가져와 성장 과정에서부터 과거를 추적해 보면 이것이 사실임을 알게 될 것입니다.

그런데 교만을 갖지 않는 사람이 있습니까? 없습니다. 그래서 교만과 함께 열등감은 인간의 삶에서 보편적이라고 할 수 있습니다. 물론 성경은 열등감을 구체적으로 말하지는 않습니다. 단지 열등감을 갖게 하는 교만의 죄를 특별히 강조합니다.

또한 성경은 오늘날 심리학에서 다루는 방식으로 열등감을 다루지 않습니다. 성경은 하나님 앞에서 그것의 죄됨과 파괴적인 모습을 다룸으로써 그 파괴성을 얘기합니다. 그러므로 우리가 생각할 것은 개인적으로나 공동체적으로 교만이 있는 곳에는 열등감과 우월감이 함께 있고, 또 그로 인한 상함과 파괴가 있다는 것입니다. 그런데 특이한 것은 우월감을 누리고자 할 때 결국 열등감도 느끼게 된다는 사실입니다. 성경의 다른 예는 뒤로하고 아담과 하와부터 그것을 경험했습니다. 그들은 하나님과 같이 되려고 했지만 기대한 대로 미치는 못하는 것에서 내면의 분열을 경험하게 되었습니다. 그러면서 자신을 감추기 시작했습니다.

여러분, 하나님을 떠난 인간, 죄악 가운데서 자기 자신에 대한 분리감과 왜곡, 소외감을 경험하며 사는 인간, 교만이라는 죄 가운데 결국 열등감을 느끼며 사는 주변 사람들을 한번 보십시오. 자신을 포함하여 많은 사람이 우월감과 열등감 사이를 오가며 살아가는 것을 볼 수 있을 것입니다. 우리가 보기에는 다른 사람보다 상대적으로 더 많이 가진 사람도 자신보다 더 가진 사람들로 인해 열등감을 느끼는 것을 보게 됩니다. 실력도 있고, 명문대학교를 나오고 박사 학위를 소지했음에도 불구하고 자신보다 나은 사람들과 비교하면서 열등감을 느끼는 사람들이 있습니다. 변호사나 교수, 의사의 세계, 심지어 자녀의 출세와 학력을 가지고 부모들 사이에서 열등감을 느끼는 일도 있습니다. 그저 자식이 공부 잘하는 것으로 다른 사람에게 우월감을 가졌다가도 자기 자식보다 더 잘하는 자녀를 둔 부모를 만나면 기가 죽고 열등감을 느낍니다.

또 외모로 열등감을 느끼기도 하고, 내게는 없는데 다른 사람에게 있는 것을 가지고도 열등감을 느낍니다. 청소년은 청소년대로, 대학과 직장생활을 하는 2·30대는 2·30대대로, 또 결혼해서 사는 사람은 결혼해서 사는 환경으로 자신을 다른 사람들과 비교하며 열등감과 우월감 속에서 살아갑니다. 다른 사람보다 상대적으로 더 좋은 학력과 재력, 외모와 실력을 가지고도 열등감을 느끼며 사는 것입니다.

이처럼 모든 사람은 자신이 생각하는 다양한 기준을 가지고 살아갑니다. 성경이 말하는 기준이 아니라 자기 본성과 세상의 삶 속에서 알고 터득한 상대적인 기준들을 가지고 말입니다. 그리고 그 기준을 가지고 남과 비교하면서 교만과 그에 따른 열등감을 느끼게 됩니다.

우리의 내면까지 변화시키는 그리스도의 은혜

열등감을 느끼는 인간의 내적 조건이나 자아상은 주변에 있는 사람들까지 힘들게 합니다. 자기 남편이나 아내, 자녀나 부모, 친구와 직장 동료를 괴롭게 합니다. 게다가 무의식중에 열등감으로 서로를 피곤하게 하면서 결국 영혼의 자유와 안식을 누리지 못하게 됩니다.

예수님 당시 키가 작고 매국노이며 동족으로부터 돈을 착취하던 삭개오나 마태와 같은 사람들을 한번 생각해 보십시오. 그들은 창기와 동류로 취급받으면서 모든 사람으로부터 냉대를 받았습니다. 거기서 그들의 내면은 얼마나 힘들었겠습니까? 분명 그들은 열등감을 크게 느끼며 살았을 것입니다. 그런데 그들이 자신의 내적 조건에서 어떻게 벗어날 수 있었습니까? 예수를 만나 그분을 믿음으로써 내면의 자유와 안식을 얻게 되었습니다. 다시 말해 죄로 인해 굴절된 자아와 열등감을 가지고 사는 조건에서 해방되었던 것입니다. 이것이 열등감에서 벗어나 영혼의 자유와 안식을 얻는 결정적인 전환이기에 우리는 이 문제를 진지하게 생각해 봐야 합니다. 나 또한 예수 그리스도를 믿음으로 그런 자가 되었는지, 그리스도가 내게 효력 있는 분이신지 생각해 봐야 합니다.

지금 여러분의 내적인 조건은 어떻습니까? 뭔가에 열심을 내면서 살지만, 하나님 없이 그저 자신의 새로운 목표와 기준을 가지고 다른 사람과 비교하는 가운데 열등감을 느끼며 살고 있지는 않습니까? 혹시 자신의 열등감을 숨기려고 뭔가 있는 것처럼 꾸미거나, 다른 사람보다 우월한 것처럼 행하면서 피곤한 삶을 살고 있지는 않습니까? 자기를 드러내는 방식으로든 자기를 숨기는 방식으로든 열등감을 느끼며 살지 않느냐는 것입니다. 그것은 건강하지 못한 자아, 건강하지 못한 내면의 조건을 가지고 살아가는 것이고, 내면의 죄성을 따라서 살고 있는 것입니다. 그런 삶은 적당히 심리적으로 치료할 문제가 아니라, 하나님의 말씀을 따라 고침 받아야만 합니다.

그 은혜로 나아가자

그런 상태에서 벗어나기 위해 우리는 최소한 세 가지를 염두에 두어야 합니다. 첫 번째는 열등감을 느끼는 자신의 내면을 객관적으로 직시해야 합니다. 시편 기자는 "내 영혼아 어찌하여 불안해하고 낙망하는가"라고 하면서 자기 안의 불안해하고 굴절된 자아에 대해 말했습니다. 이것이 바로 그런 상태에서 벗어날 수 있는 첫 번째 방법입니다. '내가 지금 뭐하고 있는 거지? 내가 왜 이런 것을 가지고 열등감을 느끼는 거지?' 그렇게 죄성에 따라 움직이는 자신에 대한 자각이 먼저 있어야 합니다.

두 번째는 그것의 죄악됨과 파괴성을 직시하고 그런 상태에 있는 자신을 하나님께 아뢰는 것입니다. '하나님, 제가 이런 문제를 가지고 자꾸 남과 비교하고 있습니다!' 열등감은 죄성으로 말미암아 일어나는 일이기 때문에 누군가와의 관계를 분명히 힘들게 합니다. 그래서 그렇게 하고 있는 자신에 대해 하나님 앞에 아뢰면서 긍휼을 구해야 합니다.

마지막으로 주님 안에서 열등감의 답을 명확히 보고 그것을 믿고 붙드는 것입니다. 가장 궁극적인 대답은 바로 이것입니다. 주님은 이처럼 피곤한 삶을 사는 우리에게 "수고하고 무거운 짐 진 자들아 다 내게로 오라 내가 너희를 쉬게 하리라"(마 11:28)라고 하셨습니다. 예수님은 자신 안에서의 쉼과 안식을 말씀하신 것입니다. 열등감이라는 무거운 짐에 반복적으로 눌리며 살아가는 우리가 그리스도 안에서 안식을 얻을 수 있다는 것입니다. 우리는 어려서부터 다른 사람과의 비교 속에서 때로는 우월감 속에서 위로를 얻고, 때로는 열등감 속에서 좌절하는 일을 끝없이 반복하며 삽니다. 주님은 그러한 인생을 향해 자신 안에서 안식을 얻으라고 말씀하셨습니다.

그러므로 지금 말한 이 세 가지를 잘 적용해 보십시오. 그것이 없으면 계속 그 안에 묶이게 됩니다. 우리는 앞으로의 남은 인생 속에서도 같은 유혹을 수없이 받게 될 것입니다. 그런데 특별히 교회 안에서 그런 일이 벌어질 때 우리는 다른 지체를 힘들게 할 것이고 그것은 무엇보다도 그리스도의 몸을 상하게 하는 일입니다.

우리는 이런 내면을 가지고 자기 주도적으로 사는 것이 과연 하나님을 잘 믿는 것인지 다시 생각해 봐야 합니다. 그리고 이 부분에 관해 그리스도 안에서 명확한 답을 가지고 씨름해야 합니다. 예수 믿는 사람은 다른 모습이 있음을 성경은 분명히 말하고 있습니다. 따라서 우리는 예수 그리스도 안에 열등감을 넘어서는 안식이 있음을 알고, 그것을 넘어선 삶을 살아야 합니다. 그리고 다른 사람들과도 그런 관계를 맺어야 합니다. 물론 이 일은 결코 쉽지 않을 것입니다. 그러나 이 부분을 모른다면 계속 여기에 머무르게 되겠지만, 알면 달라질 수 있습니다. 그러므로 이 부분에 대한 명확한 이해를 가지고 하나님과 다른 사람, 자신과의 관계 속에서 더 부요한 신앙과 삶을 살 수 있기를 바랍니다.

이 장의 요약

- 열등감과 우월감은 단순히 심리적 현상이 아니라 죄와 관련돼 있고, 죄성으로부터 나오는 것이다.
- 열등감과 우월감의 파괴성은 자신과 주변 사람뿐만 아니라 교회 공동체에까지 미친다.
- 타락하기 전 인간은 건강한 내면 조건을 가지고 하나님과 다른 사람 그리고 자연 세계와 온전한 관계를 누렸다.
- 타락 후 인간은 하나님의 형상이 크게 훼손됨으로써 자기 자신과의 관계에도 파괴와 굴절이 생겼다.
- 열등감은 심리적으로 치료할 문제가 아니라 하나님의 말씀을 따라 고침 받아야 한다.
- 열등감에서 벗어나기 위해 염두에 두어야 할 세 가지
  1. 열등감을 느끼는 자신의 내면을 객관적으로 직시할 것
  2. 열등감 속에 있는 자신의 상태를 하나님께 아뢸 것
  3. 주님 안에서 열등감의 해답을 명확히 보고, 그것을 믿고 붙들 것

2

열등감, 죄로 인한 불청객

여자가 그 나무를 본즉 먹음직도 하고 보암직도 하고 지혜롭

게 할 만큼 탐스럽기도 한 나무인지라 여자가 그 열매를 따

먹고 자기와 함께 있는 남편에게도 주매 그도 먹은지라 이에

그들의 눈이 밝아져 자기들이 벗은 줄을 알고 무화과나무 잎

을 엮어 치마로 삼았더라(창 3:6-7).

그리스도인으로서 외면할 수 없는 문제

예수 믿는 자로서 우리는 열등감과 우월감의 문제를 다루며 자신을 돌아보는 일을 통해 그러한 모습에서 돌이키는 긍정적인 반응을 가질 수 있습니다. 하지만 다른 한편으로는 이런 내용을 피하거나 부정하고 싶은 마음이 생길지도 모릅니다. 그럼에도 우리가 부인할 수 없는 사실은 정녕 예수 그리스도를 알고, 그로 말미암아 변화된 자라면 언제까지 열등감과 우월감 속에서 마냥 살 수 없고, 또 살아서도 안 된다는 것입니다. 죄의 유혹 속에서 잠시 그런 모습을 가질 수는 있지만, 그런 모습은 바르지 않으며, 돌이켜야 할 모습입니다.

죄로 인해 찾아온 불청객

앞에서 우리는 죄로 인해 우리 안에 굴절과 소외, 분열이 있게 되었고 그로 인해 열등감을 갖게 되었다는 사실을 다루었습니다. 그런데, 여기서는 그 부분을 조금 더 확장해서 죄와의 관계에 대해 다루고자 합니다.

창세기 3장 본문은 열등감의 원인이 죄라는 사실을 정확하게 말해 줍니다. 죄를 범하기 전까지 인간은 자신의 벗은 조건에 대해 부끄러움 같은 것을 몰랐습니다. 우리는 수치심을 느끼는 것에 대해 인간이 원래 그런가보다 하고 생각해서는 안 됩니다. 우리에게 경험적으로 익숙하다고 해서 원래부터 그런 것이라고 생각하면 안 된다는 말입니다. 마찬가지로 죽음도 원래부터 있던 것은 아니었습니다.

성경은 인간이 처음으로 수치심을 느끼게 된 일을 밝히고 있습니다. 선악을 알게 하는 나무의 실과를 먹지 말라고 한 것에 불순종하여 죄를 범하자 인간은 수치심을 느끼며 몸을 가렸습니다. 본문 8절에서 보듯이 그들은 하나님의 낯을 피하여 숨었습니다. 죄를 범하자 자기 자신에 대해 이전에는 없었던 반응을 갖기 시작한 것입니다. 즉 하나님의 형상이 훼손되면서 내면의 굴절이 생긴 것입니다. 그 뒤로 인간은 태어나면서부터 자신 안에 왜곡되고 굴절된 내면을 갖고 소외를 경험하게 됩니다.

이처럼 사람들이 우월감과 열등감이라는 굴절된 내면과 감정 상태를 갖는 것의 근원은 죄라는 것을 알 수 있습니다. 그러나 심리학자들은 이런 사실을 인지하지 못하고, 또 인정하지도 않습니다. 그들은 열등감의 원인을 현상적인 것으로 임상자료를 가지고 말합니다. 열등감을 인간 존재의 특징으로, 그리고 인간이 더 높은 단계나 우월성을 추구하는 삶의 과정에서 갖는 것으로 봅니다. 다시 말해 열등감을 우리의 내면에서 일어나는 현상의 표현으로 써만 볼 뿐, 그것의 근원적 원인인 죄를 보지 못함으로 그 한계를 드러냅니다.

성경은 인간이 부끄러움을 알지 못하던 조건에서 수치심을 느끼며 숨고 피하게 된 원인을 죄로 말하는데 이것은 모두가 경험적으로 확인하는 사실입니다. 굴절된 내면에서 갖는 열등감과 우월감은 누가 가르쳐주지 않았음에도 그것을 다른 사람과의 관계 속에서 드러내기도 하고, 자신이 살아가는 삶의 환경 속에서 자신의 욕구와 맞물려서 드러내기도 합니다. 무엇보다도 하나님 없이 살아가는 조건 아래 그분을 피하여 숨는 모습 속에서 열등감과 우월감을 드러냅니다.

벌거벗었으나 부끄러워하지 아니하던 인간

그런데 성경은 인간이 그렇지 않았던 때가 있었음을 기록하고 있습니다. 창세기 2장 25절에서 보듯이 인간은 자신 안에 어떠한 굴절도 없이, 우월감이나 열등감을 알지 못하고 갖지도 않은 조건에서 살 때가 있었습니다. 인간은 자신의 벗은 조건에 대해서 그 어떤 부정적인 반응도 없었습니다.

창세기 2장 25절에서 "부끄러워하지 아니하니라"라는 표현은 단순히 부끄러움 한 가지만을 말하는 것이 아닙니다. 그것은 인간이 안정되고 건강한 내면의 조건과 매우 긍정적인 자아상을 가지고 있었음을 설명하는 말입니다. 그러한 배경 속에서 인간은 다른 사람이나 자연과의 관계에서도 건강했던 것입니다. 하나님과의 관계는 두말할 것도 없이 말입니다.

그러나 인간은 죄를 범하고 죄를 지니게 되자, 자신의 벗은 것에 대해 곧바로 수치심을 느꼈습니다. '나'라고 하는 사람, 자신의 모습에 대해 수치심을 가진 것입니다. 오늘날 많은 사람이 열등감을 느끼며 자기를 부끄러워하는 모습, 그런 자신을 싫어하는 반응, 또 자신이 무엇인가에 미치지 못했다는 생각 속에서 좌절하고 분노하는 모습의 원조가 바로 죄를 범한 최초의 사람입니다. 그는 죄를 범하자마자 타락으로 인해 그런 굴절된 내면을 갖고 드러내었습니다.

인간이 그렇게 된 배경에는, 하나님과 같이 되려고 했던 인간의 교만이 있었습니다. 자신의 현재 조건보다 더 우월한 조건에 이르려고 하는 교만 속에서 결국 열등감을 느끼게 된 것입니다. 그런데 너무나 흥미로운 사실은 아무도, 특히 하나님부터도 그들의 벗은 것을 문제 삼지 않았다는 것입니다. 그것이 그들의 창조된 대로의 모습이었기 때문입니다. 그야말로 그들은 자신의 몸에 뭔가를 가릴 필요를 못 느낄 정도로 내면에 굴절됨이 없었습니다. 그러나 죄를 범하고 죄를 지니자 인간은 자신에 대해 부정적으로 반응하게 된 것입니다.

모든 죄의 뿌리, 최초의 죄

하나님은 창세기 3장 11절에서 열등감에 해당하는 반응을 보인 아담과 하와에게 "누가 너의 벗었음을 네게 알렸느냐"라고 물으셨습니다. 그들이 벗었음을 알려준 사람은 없었습니다. 그들은 그저 이전 모습 그대로였습니다. 그런 자신의 모습에 대해 자기들 스스로 다른 반응을 갖게 된 것입니다. 다시 말해 자신을 부정적으로 보고 반응하는 내면의 굴절을 갖게 된 것입니다. 무엇이 그렇게 만든 것입니까? 바로 죄입니다! 죄로 말미암아 자신 안에 굴절이 있게 되었고, 자신을 부정적으로 보게 된 것입니다. 그런데 그러한 죄를 좀 더 상세히 들여다보면 거기에는 피조물인 인간이 자신의 실체보다 더 높아지려고 한 것, 아니 자신이 하나님처럼 되어서 옳고 그름을 결정하고자 한 것이 있음을 보게 됩니다.

이 최초의 죄는 굉장히 복합적이어서 한두 가지 죄로 설명할 수 있는 것이 아닙니다. 창세기 3장 5절에서 말한 것처럼, 인간은 하나님과 같이 될 것이라는 기대 속에서 죄를 범했습니다. 결국 하나님과 같이 되고자 한 죄는 피조물인 인간이 자신을 피조물 이상으로 높이려는 것에서 시작된 것입니다. 또 하나님을 의지하지 않고 스스로 살아 보겠다고 하는 것, 곧 하나님 없이 안정을 느끼고 자기가 원하는 것을 따라 행하며 만족하고자 한 것에서 시작된 것입니다. 더 나아가서는 선악을 알게 하는 나무의 실과를 먹음으로써 자신이 하나님이 되어 무엇이 옳고 그른지 결정하고자 한 것을 내포하는 것입니다. 최초의 사람이 범한 죄는 모든 죄의 뿌리요, 인간이 행하는 모든 죄와 연결됩니다. 모든 죄는 바로 이러한 죄에서 파생된 것입니다.

그 죄의 악함

여기서 우리는 인간이 하나님과 같이 되어 자기가 옳고 그름을 결정하고자 하는 것 속에서 교만이라는 죄를 함께 보게 됩니다. 최초의 죄를 교만이라는 한 가지 사실로 말할 수는 없지만, 여기에는 분명히 교만이라는 죄가 내포되어 있습니다. 이런 끔찍한 죄악을 알았던 바울은 로마서 12장 3절에서 예수 그리스도를 믿어 의롭다 함을 얻은 그리스도인들에게 "마땅히 생각할 그 이상의 생각을 품지 말고"라고 했습니다. 이러한 바울의 표현은 최초의 죄가 어떤 성격을 가진 것인지에 대한 우리의 이해를 넓혀 줍니다. 뿐만 아니라 인간의 내적 조건이 굴절된 원인에 대해서도 구체적인 힌트를 주고 있습니다. 특히 굴절된 원인이 죄이기에 그런 조건에서 우월감과 열등감을 느끼게 된 것이 교만과 밀접하게 관련되어 있음을 보게 해 줍니다.

피조물로서 인간은 마땅히 생각할 그 이상의 생각을 품지 말아야 했습니다. 인간이 아무리 하나님을 닮았다고 할 수 있을 정도로 하나님의 형상을 많이 지니고, 인격성이라는 내적 특질을 가지고 있다 해도, 인간은 하나님이 아니며 하나님이 될 수도 없습니다.

우리는 무언가를 조금만 잘해도 '공부의 신', '축구의 신', '~느님'으로 부르길 좋아하지만, 인간은 결국 다 죽습니다. 본문에서 말한 것처럼 인간은 하나님처럼 되고자 하는 욕망을 불현듯 드러내지만 결코 하나님이 될 수 없습니다. 선과 악을 결정하는 것도 인간에게 있지 않습니다. 그것은 오직 하나님께 속한 것입니다. 하나님이 말씀하시는 것이 결국 옳은 것입니다. 그런데 그것을 내가 결정할 수 있다고 생각하고 행동하는 것은 인간이 마땅히 생각할 그 이상을 생각한 것이요, 심히 교만한 것입니다.

인간은 하나님으로부터 지음 받은 피조물로서 하나님께서 옳고 그르다고 하신 것 안에서 그리고 그러하신 하나님과의 관계 속에서 만족과 안정, 복 됨을 갖는 것 그 이상을 생각하지 말아야 합니다. 그런데 처음부터 미혹을 받은 인간은 그 이상을 생각했던 것입니다. 지금도 많은 사람은 그 이상을 생각합니다. 하지만 그러했던 인간이 얻은 결론은 무엇이었습니까? 더 높아지려고 했던 단계에 올랐을까요? 하나님과 같이 되었습니까? 그렇게 되기는커녕 자신을 감추고 싶을 정도로 비참함을 느끼고, 내면의 균열 속에서 열등감을 느끼게 되었습니다. 그것이 바로 죄의 결론이고, 교만에 뒤따르는 경험입니다.

마땅히 가져야 할 그 이상의 생각의 해악

이처럼 교만은 흔히 우월감을 느끼면서 행하는 것이지만, 결론적으로는 열등감을 느끼게 합니다. 여러분이 언제 열등감을 느끼면서 혼란스러운 감정을 노출했는지 한번 생각해 보십시오. 그러면 자신이 교만한 마음을 품고 행하며 살 때 그러했다는 것을 알 수 있을 것입니다. 바로 자신에 대해서 마땅히 생각할 그 이상의 생각을 품음으로써 그런 경험을 하게 되는 것입니다.

여러분은 피조물로서, 하나님과의 관계에서 마땅히 가져야 할 생각 그 이상을 품거나 또는 타락한 조건에서 은혜 없이 살 수 없는 자신에 관한 생각 이상을 품으면서 살 때 그런 경험을 하지 않았습니까? 스스로 자신의 생명과 모든 것을 주관할 수 있다는 생각을 품을 때 말입니다. 자신의 형편과 조건을 넘어서는 허영심을 가지고 마땅히 생각할 그 이상을 품거나 또는 옳고 그름을 결정하는 것이 마치 자기에게 있다고 생각할 때 그런 경험을 하지 않았습니까? 자신이 어떤 자인지에 대해서는 생각하지 못하고, 자신에 대한 생각 그 이상을 품을 때 그러지 않았느냐는 것입니다.

사실 예수 믿기 전에 인간은 자신에 대해 마땅히 생각할 그 이상의 생각을 품고 살아갑니다. 그것을 옳게 여길 뿐만 아니라 그러한 생각을 부추기기까지 하면서 말입니다. 그것은 자신이 피조물이라는 인식이 없기 때문입니다. 특히 태어나면서부터 누가 가르쳐 주지 않았는데도 알아서 수치심을 느끼는 내면의 굴절을 가진 존재라는 것을 알지 못하고 더 나아가 죽어야만 하는 존재인 것을 알지 못하기 때문입니다.

그러나 예수를 믿고 나서 우리는 자신이 피조물이라는 것을 알게 됩니다. 그뿐 아니라 나의 나 된 것은 하나님의 은혜임을 앎으로써 자신에 대해 마땅히 생각할 그 이상의 생각을 품어서는 안 된다는 반응을 자연스럽게 갖게 됩니다. 참되게 예수 믿은 사람은 그러한 결론에 이르게 됩니다.

하지만 예수 믿고 난 후에도 이러한 유혹은 있습니다. 타락 전 인간에게 사탄의 간계와 유혹이 있었듯이, 우리에게도 교만의 유혹이 있어서 마땅히 생각할 그 이상의 생각을 품음으로써 열등감을 경험할 수 있습니다. 그래서 바울은 예수 믿는 자들이 그러한 유혹에 빠지지 않도록 로마서 12장 3절에서 그 말을 했던 것입니다.

여기서 우리가 주목할 사실은 교만하게 행할 때 그 가운데서 갖는 죄와 열등감의 관계입니다. 처음에 인간은 마땅히 생각할 그 이상의 생각을 품음으로써 자신에 대한 수치심과 굴절, 소외감을 갖는 것을 넘어서 그런 자신의 굴절된 내적 조건을 노출했습니다. 그런 식으로 우리는 열등감을 드러냄으로써 다른 사람까지 상하게 하고 어려움을 주며 파괴를 가져옵니다. 심지어 그런 열등감 속에서 분노를 표출하기도 합니다.

이처럼 교만이 나를 넘어 다른 사람에게까지 파괴적인 영향을 미치듯이, 죄성을 가진 인간은 그것이 자신의 문제로 끝나지 않습니다. 다른 사람에게 독설을 내뱉고 상처를 주며 심지어 죽이기까지 합니다. 죄가 자기를 넘어 다른 사람에게 파괴적이듯이, 교만 속에서 갖는 우월감과 열등감 또한 다른 사람에게 파괴적입니다.

하나님 앞에서 우리는 누구인가

우리는 남보다 교만할 만한 높은 지위에 있어야 교만을 드러내는 것으로 생각하지만 결코 그렇지 않습니다. 교만은 기본적으로 자신이 하나님의 피조물이요, 하나님의 은혜가 필요한 존재임을 자각하지 않고 행하는 것입니다. 그런 면에서 우리는 자신이 어떠한지를 생각해 봐야 합니다. 여러분은 무엇이 옳고 그른지를 결정하는 것이 자기에게 속해 있다고 생각하십니까? 혹시 하나님 앞에서 피조물이라는 사실을 생각하지 않고, 또 하나님과 그의 말씀도 생각하지 않으며, 자신이 원하는 것을 기준으로 생각하며 살고 있지는 않습니까? 자신은 하나님의 은혜 없이는 살 수 없는 존재라는 생각 그 이상을 품으면서 하나님 없이 살고자 하지는 않습니까? 하나님은 그런 교만을 꺾으십니다. 성경은 교만한 자를 꺾으신다고 말하는데, 하나님은 일반은총의 세계에서도 그 일을 하십니다. 그래서 바벨론의 느부갓네살 왕과 같은 사람을 마냥 놔두지 않으신 것입니다. 교만한 자를 꺾으시고 낮추시는 일이 예수 믿는 우리에게 특별히 더 적용되지만, 그것은 이 세상에도 하나님께서 적용하시는 원칙입니다.

교만한 인간을 하나님이 꺾으실 때 특히 그는 비참함과 함께 열등감을 크게 느끼게 됩니다. 또한 열등감을 느낄 일이 아닌데도 불구하고, 자신이 가진 높은 기대나 기준에 못 미치는 자신을 보면서 스스로 열등감을 느끼기도 합니다. 결국 교만 속에서 갖는 열등감으로 인해 인간은 스스로 힘들어 하고, 더 나아가 다른 사람까지 힘들게 하며 파괴적인 영향을 미치는 것입니다.

열등감을 품는 것은 우리 안에 폭탄을 품는 것과 같다

사실 열등감은 죄의 파괴성을 자신 안에서 경험하는 것입니다. 이것으로 자신을 힘들게 하면서도 사람들은 이것을 거의 자각하지 않습니다. 심리학자들은 많은 임상 자료를 가지고 열등감 속에서 갖는 문제점을 설명하지만, 그것은 열등감이 가진 파괴성을 현상적으로만 말하면서 심리학적 대답 또는 상대적인 대답만 줄 뿐입니다. 왜 그러한지에 대한 근원적인 원인에 대해서는 말하지 못합니다. 열등감으로 인한 파괴성을 그것의 근원인 교만의 죄, 즉 마땅히 생각할 그 이상의 생각을 품음으로써 갖게 된다는 사실을 알지 못하기 때문입니다.

거듭 말씀드리지만 누군가 죄 가운데서 열등감을 느끼는 상태를 갖고 살면, 죄의 파괴성을 자기 자신 안에서 고스란히 갖고 경험할 뿐만 아니라, 그것을 다른 사람에게도 반드시 드러냅니다.

그래서 부부나 부모, 자식, 친구 관계에서도 그것을 드러내게 됩니다. 직장에서도 열등감 있는 상사나 직원이 있으면 서로가 힘들게 됩니다. 특별히 국가의 지도자에게 열등감이 있으면 정말 위험합니다. 역사적 자료들을 보면 히틀러도 열등감에 싸여 있었음을 알 수 있습니다. 그 때문에 국가 전체가 힘들었고, 수많은 사람이 죽임당했습니다. 이처럼 다른 사람을 힘들게 하고 파괴하는 죄가 열등감으로 드러났을 때는 그 파괴성을 농후하게 드러냅니다.

열등감의 순기능?

물론 심리학자들은 인간이 열등감을 통해 진보한다고 주장하기도 합니다. 그들은 열등감 때문에 오히려 성공한 사례들을 얘기합니다. 그러나 그것은 그들 말대로 열등감을 극복하려는 보상 심리 또는 보상욕구일 뿐, 성경에 비추어 보면 그저 본성적인 것에 지나지 않습니다. 열등감을 느끼면서는 아무리 그것으로 뭔가를 성취한다 해도, 죄악된 본성을 드러내며 결국 자신과 다른 사람에게 죄의 파괴성을 드러내는 것입니다.

성경에는 교만함으로 우월감을 드러내다가 결국 열등감을 표출한 사람들이 대단히 많습니다. 이스마엘의 어머니 하갈을 보십시오. 애굽의 여종이었던 그녀는 아들을 낳았다는 이유로 교만해져서 아브라함의 정부인 사라를 멸시하며 우월감을 드러냈습니다. 그러자 사라는 아들을 낳지 못했다는 열등감에 사로잡혀 결국 하갈을 학대합니다. 또 야곱과 에서 사이, 또 야곱의 아들들의 사이는 어떠했습니까? 그들은 요셉을 두고 사랑하는 아내의 자식이냐, 첩의 자식이냐 시기하면서 자기들 사이에서 열등감을 드러냈습니다. 사사기에 나오는 인물들이나 다윗의 자식들 사이에서도 비슷한 얘기는 수없이 많이 등장합니다. 그들 사이에 드러난 열등감을 보면 그것으로 인한 파괴성이 자신을 넘어 다른 사람에게까지 그대로 드러나는 것을 볼 수 있습니다.

성경에는 이러한 인간의 내면과 삶을 말하는 것들로 가득합니다. 그리고 그에게 있는 죄가 어떤 현상으로까지 나타나는지도 말하고 있습니다. 그런데 우리는 이러한 사실을 간파하지 않습니다. 죄의 파괴성이 열등감을 통해 나를 넘어 다른 사람에게까지 드러나는 것에 대해 심각하게 생각하지 않는다는 것입니다. 단지 일시적으로 드러낸 감정적인 일, 곧 자신의 감정이 조금 격해져서 단회적으로 그랬다고 생각하고 맙니다.

그런데 문제는 사람들이 또 다시 그렇게 행동한다는 것입니다. 그래서 열등감을 느끼는 사람과 함께 하는 것은 너무 힘든 일입니다. 그 사람은 계속해서 그렇게 행동하기 때문입니다. 예수 믿지 않는 사람들 사이에서는 그러한 행동을 도덕성에 맡긴다고 하지만, 예수 믿는 사람에게는 그래서는 안 될 중요한 이유가 있습니다.

숙주(宿主)의 말과 행동, 생각까지 지배하는 열등감

열등감은 그 사람의 말과 행동뿐만 아니라 얼굴과 몸짓, 자세와 태도 속에도 그대로 묻어납니다. 사람들은 그러한 열등감을 감추려고 하지만 쉽게 감춰지지 않은 채 그대로 드러납니다. 특이한 것은 우리가 열등감을 감추려고 할 때 의도적으로 과장된 행동과 모습이 많이 드러난다는 사실입니다. 여러분은 자신의 열등감을 감추려고 취한 모습과 행동에 대해 생각해 본 적이 있습니까? 저는 주변에서 뿐만 아니라 저 자신 안에서도 그런 모습을 발견한 적이 있습니다. 자신을 과장하는 말부터 시작해 어떤 섣부른 지식을 과시하거나, 또는 속은 그렇지 않은데 문제가 없는 것처럼 밝은 티를 내는 것, 누구에게도 흠 잡히지 않고 비난받지 않으려고 하는 모습, 나보다 낫다고 생각하는 사람을 비판하거나 다른 사람의 부정적인 생각에 동조함으로써 은근히 열등감을 드러내는 모습, 더 좋은 사람으로 평가받고자 하는 것, 지적받을 때 예민하게 반응하는 것, 자기에게 열등감을 느끼게 하는 대상을 이기기 위해 다른 사람을 끌어들여 부정적으로 말하고 적대하는 모습 등 우리는 열등감을 감추려는 것에서부터 이 열등감을 충족시키려는 모습까지 다양한 부정적인 모습을 드러냅니다. 이 얼마나 파괴적인 모습입니까?

안타까운 사실은, 세상에는 이런 모습이 흔하다고 하지만, 교회 안에도 이런 모습들이 있다는 것입니다. 비록 그리스도인이라 해도 교만한 마음을 가지고 마땅히 생각할 그 이상의 생각을 품고 살면 그렇게 될 수 있습니다. 게다가 열등감으로 타인까지 상하게 하고 분열을 일으키는 것은 교회 안에서 최악의 죄를 범하는 것이라고 할 수 있습니다.

사탄이 좋아하는 만능키

사탄은 교만한 사람, 자신에 대해 마땅히 생각할 그 이상의 생각을 품음으로써 우월감과 열등감을 가진 사람을 좋아합니다. 특히 사탄은 교회 안에서 그런 사람을 찾아 자신의 도구로 쓰려고 합니다. 좀 더 구체적으로 말하면, 사탄은 열등감으로 불만을 가진 사람 곧 다른 사람의 조건이나 상황, 환경과 비교하면서 불만과 경쟁심을 느끼고 질투하며 시기하는 사람을 사용합니다. 다른 사람과의 비교와 경쟁 속에서 자신이 밀렸다고 생각하는 사람을 찾는 것입니다. 예를 들어 직업이나 학력 또는 사람들로부터 인정받는지의 여부, 심지어 교회의 직분을 받는 데서까지 말입니다. 그래서 교회 안에는 직분과 관련해서 생기는 분란이 아주 흔합니다. 직분과 관련해서 자기가 인정받지 못하고 스스로 무시당했다고 생각할 때 열등감을 노출함으로써 사람들을 편 가르고 분열시키는 것입니다.

사탄은 경쟁 대상을 피해 다른 사람에게 붙어 자신의 열등감을 해소하려는 사람, 예를 들어 역량 있는 A와 B 중 한쪽에 붙어서 자신의 열등감 속에 있는 감정과 생각을 드러내며 경쟁 대상을 이기려고 하는 사람을 사용합니다. 또 사람들에게 부정적인 영향을 크게 미칠 수 있는 자리에 있는 사람들도 찾습니다. 교회에서 리더십을 발휘하는 사람들이 열등감을 느끼거나 행할 때는 그로 인한 부정적인 영향이 훨씬 크기에 그런 자들을 더욱 사용하려고 합니다. 이런 식으로 사탄은 열등감을 가진 자를 도구로 삼아 결국은 하나님이 가장 싫어하는 일을 하게 합니다. 꼭 교회 안의 가라지만 그런 일을 일으키는 것은 아닙니다. 그리스도인도 교만 속에서 열등감을 가지면 얼마든지 그럴 수 있습니다.

'나'부터 돌아보기

우리는 교만 속에서 갖는 열등감이 이처럼 파괴적이라는 사실을 잘 분별해야 합니다. 다시 말해 열등감을 가지고 행하는 것의 죄악 됨을 깊이 자각하고, 그러한 모습과 상태에서 벗어나야 합니다. 이미 앞 장에서 다루었던 세 가지 방법을 기본적으로 가져야 합니다.

여기서 덧붙이고 싶은 내용은 자신이 그렇게 파괴적인 열등감을 가지고 행하는지를 과연 어떻게 알 수 있는가 하는 것입니다. 우리 중에 많은 사람은 열등감이 파괴적인 것을 알면서도 자신이 그런 사람인 것은 잘 자각하지 못할 수 있고, 자신이 그런 상태를 가지고 있음에도 그것을 알지 못하고 지속할 수도 있습니다. 그래서 우리는 이 문제에 대해 깊이 생각해 볼 필요가 있습니다.

그렇다면 우리는 자신에게는 물론이고 다른 사람, 특히 교회 지체들에게 파괴적인 열등감을 가지고 행하는지 어떻게 알 수 있을까요? 이것을 스스로 자각하는 것은 의외로 쉽지 않을 수 있습니다. 우리는 하나님의 말씀을 들어도 자신의 편의대로 편집하고 스스로 정리해서 자신에게 유리한 쪽으로 해석하는 일에 전문가들입니다. 열등감이라는 문제도 마찬가지입니다. 우리는 얼마든지 자신을 적당하게 보호하면서 스스로 괜찮다고 여길 수 있습니다. 그 때문에 이것을 깊이 자각하면서 해결하는 것은 쉬운 일이 아닙니다.

그러나 우리가 성경에 근거해서 자각할 수 있는 일반적인 방편이 있습니다. 그것은 말씀과 성례, 기도라는 은혜의 방편입니다. 그것은 내가 그런 상태에 있고, 계속해서 그렇게 하고 있다는 것을 보고 자각할 수 있게 하는 최고의 방편입니다. 왜냐하면 그 방편 속에는 성령이 계셔서 역사하시기 때문입니다. 그래서 은혜의 방편에서 멀어지면 열등감을 가지고 있으면서도 그것을 자각하지 못한 채 계속해서 그런 상태를 갖게 됩니다.

교회 안에는 열등감으로 똘똘 뭉친 사람들이 있습니다. 또 자기가 다른 사람을 힘들게 하는지에 대해 전혀 생각하지 못하는 사람도 있습니다. 자신은 진실하고 조용하게 열심히 섬긴다고 생각하지만, 실상은 그렇지 않은 경우가 있습니다. 이미 말했듯이 열등감은 어떤 식으로든 드러나게 되어 있습니다. 다만 은혜의 방편에서 멀어져 있으면 잘 알지 못할 따름입니다.

말씀과 성례, 기도는 우리가 어떤 모습과 상태에 있든지 우리를 비추어 바르게 서도록 합니다. 그러므로 우리는 이러한 은혜의 방편을 통해 자신에 대해 마땅히 생각할 그 이상의 생각을 품는 것 속에서 갖는 열등감과 그로 인한 파괴성을 성령께서 비추시는 것을 따라 자각해야 합니다.

'나'의 말과 행동의 결과를 유심히 살펴보라

그런데 여기서 한 가지 더 덧붙여야 할 사실은, 은혜의 방편인 말씀과 성례와 기도 속에서도 자신의 모습을 못 보는 경우가 있다는 것입니다. 교만함과 열등감을 느끼는 자신의 모습을 당연히 보아야 함에도 그러한 자신을 보호하고 자기 편의대로 자신을 해석하면서 그 상태에 계속 머물러 있는 것입니다. 만일 은혜의 방편 속에서도 자신의 모습을 제대로 보지 못하고 있다면, 자신을 볼 수 있는 방법은 부차적인 것 밖에 남아 있지 않습니다. 그것은 자신의 말과 행동을 통해 화평과 화합이 있는지를 보는 것입니다. 만일 화평이 없고 대신 불화와 부정적인 결과만 있다면 자신의 교만과 그로 인한 열등감을 생각해 봐야 합니다. 은혜의 방편 속에서도 열등감을 가지고 행하는 것이 보이지 않는 사람은 이것을 통해서라도 자신의 열등감을 보아야 합니다. 만일 부부, 자식, 친구, 직장, 교회 등에서 자신과 관계 속에 있는 사람들과 화합과 화평이 없다면, 그 사람은 굴절된 내적 조건을 암암리에 드러내고 있을 가능성이 큽니다.

물론 은혜의 방편 속에서 그것을 자각하는 사람들도 많이 있습니다. 그러나 어떤 사람은 일시적으로 자각하지 못하기도 하고 또 그럴 수 있는 유혹도 받을 수 있기 때문에 우리는 자신의 말과 행동으로 인해 화평이 있는지 점검해 보아야 합니다.

우월감도 마찬가지입니다. 다른 제자들보다 자신이 우월하다는 생각을 암암리에 더 드러내었던 베드로를 생각해 보십시오. 과연 다른 제자들의 마음이 편했을까요? 예수님을 따르는 베드로였지만, 자신이 언제나 앞서서 구별되고자 했을 때, 그것은 다른 제자들을 힘들게 했음이 분명합니다. 요한과 야고보는 자신의 어머니를 통해 예수님 좌우편에 있기를 원했습니다. 그래서 다른 제자들은 두 사람을 불편해 함으로써 관계의 어려움을 드러냈습니다. 빌립보서에 나오는 유오디아와 순두게 역시 그들의 불화로 인해 교회의 화평이 깨졌습니다. 아무리 열심을 갖고 예수를 잘 믿는다고 해도 그런 일이 나를 통해 있다면 교만 속에서 갖는 자신의 우월감과 열등감을 생각해 봐야 합니다.

그런 면에서 여러분은 어떤 모습을 갖고 있습니까? 여러분의 말과 행동, 태도, 자세 등 그 모든 것을 통해 화합과 하나 됨이 있습니까? 아니면 화평과 화합은 없고 부정적인 것이 있습니까? 설령 부정적인 것이 없어도 여러분이 있는 곳에 화평이 없다면 이 부분을 잘 생각해 보아야 합니다. 어떤 영역에서든 자신이 있는 곳에 화평이 일어나지 않는다면, 그것은 자신의 굴절된 내적 조건을 드러내고 있기 때문일 수 있습니다. 다시 말해 교만 속에서 열등감을 드러내기 때문이라는 것입니다.

우리는 교만을 너무 거창한 것으로 생각하지 말아야 합니다. 교만은 앞에서 말한 대로 자신에 대해 마땅히 생각할 그 이상의 생각을 품고 행하는 것입니다. 특히 교만 속에서 우월감과 열등감을 느끼며 행하는 것은 자신에게도 파괴적이지만, 주변 사람들, 특히 교회의 몸 된 지체와 교회에게까지 파괴적인 일이 됩니다.

열등감에 매인 죄인의 답이요, 쉼이 되시는 분

그런 사람은 그것을 하나님 앞에 가져가야 합니다. 예수 믿으면서 그런 파괴적인 상태를 지속하는 것은 복음을 알고 믿는 우리에게 합당하지 않습니다. 그것은 죄로 인한 파괴성을 내면화 해서 드러내고 있는 것입니다. 그런 파괴적인 상태를 지속하면 마치 침몰하는 배처럼 자신을 점점 침몰시키는 것이 될 것입니다. 그러므로 그런 자신을 주님께 내려놓으십시오. 그리할 때 "수고하고 무거운 짐 진 자들아 다 내게로 오라 내가 너희를 쉬게 하리라"(마 11:28)고 말씀하신 주님 안에서 안식을 얻을 수 있습니다.

또한 열등감의 이면에 있는 죄, 특히 교만을 회개하면서 거기서 회복되기를 구해야 합니다. 주님은 그런 우리에게 자신 안에서의 쉼과 안식을 보장하고 계십니다. 회개하며 주님께 나아올 때 안식과 회복, 아니 그리스도 안에서 갖는 다른 삶을 말씀하십니다. 열등감에 매여 그 안에서 마치 자기가 전부인 것처럼 살지 않아도 되는, 그보다 훨씬 우월하고 놀랍고 풍성하고 비교 불가능한 삶이 있다고 말씀하시는 것입니다. 주님은 그런 삶의 여정과 결론을 확증적으로 말씀하시기 때문에 우리는 주님 안에서 우리 자신에 대한 이해와 답을 가져야 합니다.

주님 안에서 열등감을 넘어선 답을 보십시오. 진정한 영혼의 쉼, 열등감과 우월감을 넘어선 참된 안식을 경험하면서 다른 삶을 보고 그러한 삶을 사십시오. 그것이 그리스도인입니다.

이 장의 요약

- 심리학자들은 열등감을 인간이 더 높은 단계나 우월성을 추구하는 과정에서 갖는 것으로 본다.
- 인간이 수치심을 느끼게 된 배경에는 하나님과 같이 되려는 교만이 있었다.
- 열등감은 그 사람의 말과 행동뿐만 아니라 모든 것에서 드러난다.
- 사탄은 우월감과 열등감을 가진 사람을 교회를 분열시키는 도구로 사용한다.
- 은혜의 방편(말씀, 성례, 기도)은 열등감에 빠진 우리의 상태를 자각하게 하는 최고의 방편이다.
- 자신의 말과 행동을 통해 화평이 있는지 보는 것도 자신의 상태를 점검하는 방법이다.
- 우리가 열등감의 이면에 있는 교만을 회개할 때 주님은 우리에게 쉼과 안식을 보장하신다.

3

새 피조물인
우리와 열등감

그런즉 누구든지 그리스도 안에 있으면 새로운 피조물이라
이전 것은 지나갔으니 보라 새 것이 되었도다(고후 5:17).

열등감으로부터의 탈출구

열등감과 우월감은 인간이 타락함으로써 하나님의 형상이 훼손되어 나타난 내적 조건의 한 단면입니다. 그 뿌리에는 하나님과 같이 되어 스스로 옳고 그른 것을 결정하고 모든 권한을 자신에게 두려고 하는 교만의 죄가 자리하고 있습니다.

앞에서 살펴보았듯이 성경은 그런 내적인 조건의 파괴성에 대해 다각적으로 말합니다. 하지만 놀라운 사실은 성경은 그와 함께 그러한 조건으로부터 벗어나 다른 삶을 살 수 있다는 것도 분명히 말한다는 것입니다.

열등감은 이 땅에서 살면서 만나고 부딪히는 관계와 다양한 상황 속에서 우리 모두가 본능처럼 갖는 정서입니다. 이 땅에 사는 인간에게는 항상 죄가 있듯이 우월감과 열등감 또한 모든 인간의 내면에 항상 있으면서, 은밀하게 때로는 노골적으로 그 지배력을 행사합니다.

그럼에도 성경은 우리로 하여금 열등감과 우월감에서 벗어날 수 있는 길을 크게 두 가지 사실과 연관 지어 말합니다. 그것은 바로 예수 그리스도의 대속과 성령의 역사입니다. 이 둘은 함께 연결되어 있어서 분리할 순 없지만, 편의상 이 장에서는 첫 번째 사실인 예수 그리스도의 대속에 대해 먼저 살피려고 합니다.

우리 스스로는 그 출구를 낼 수 없다

우리가 먼저 알아야 할 사실은 인간은 스스로 열등감에서 벗어나지 못한다는 것입니다. 우리가 그걸 인정하든 인정하지 않든 말입니다. 흔히 심리학에서 열등감의 극복에 대해 말할 때 그것은 근원적인 차원의 극복을 말하는 것이 아닙니다. 물론 예수를 믿음으로 그 문제를 해결하고 변화를 경험해도 우리는 죄 가운데 다시 열등감을 느낄 수 있습니다. 열등감을 느끼는 자기 자신에 대한 근본적인 변화를 갖기 전까지 인간은 열등감에서 벗어나지 못합니다. 늙어서 아무 것도 할 수 없을 때조차도 현재 자신이 가진 조건과 과거에 좋았던 것을 비교하면서 열등감을 느끼는 것이 인간입니다.

그런데 본문은 타락한 본성 속에서 자연스럽게 갖는 것이면서도 동시에 굴레처럼 우리를 사로잡는 바로 그 열등감과 우월감에서 벗어날 수 있는 길을 말해 주고 있습니다. 그리스도 안에서 새로운 피조물이 되는 것으로 말입니다. 이것은 우월감과 열등감을 갖고 살아가는 우리의 내적인 조건에서 변화되는 길이 무엇인지를 잘 보여 줍니다. 그 길은 무엇일까요? 바로 '그리스도 안에' 있음으로써 입니다. 다시 말해 본문은 그리스도를 믿음으로써 새로운 피조물이 되어 그 안에서 사는 것으로 설명합니다. '새로운 피조물'이라는 표현이 말하는 새로운 변화를 통해 열등감을 극복할 수 있다는 것입니다.

이 세상에는 심신 수련을 하는 사람들이 많습니다. 그들은 고도로 집중된 심신 수련과 마음의 수양을 통해서 일시적으로는 열등감을 느끼지 않는 정신 상태나 마음의 평정을 가질 수 있습니다. 그러나 그것은 열등감에 대한 근본적인 해결책이 될 수는 없습니다. 그저 반복적인 마음의 수련을 통해 일시적인 심리 안정의 효과를 경험할 뿐입니다.

또 한편으로는 성공사례를 보면서 열등감을 극복하기 위해 분투하는 사람들도 있습니다. 그들은 더 이상 열등감에 머무르지 않고 우월한 상태가 되고자 분투하는 것으로 열등감을 극복할 수 있는 것처럼 말하기도 합니다. 그러나 그것 역시 열등감의 해결이 아니라, 오히려 열등감을 다른 식으로 표출하는 것에 지나지 않습니다.

근거 있는 변화

열등감으로부터의 변화에서 중요한 것은 변화의 근거입니다. 우리에게 필요한 것은 자기 안에서 심리적인 조절을 통해 일시적으로 갖는 근거 없는 변화가 아니라, 명확한 근거가 있는 변화입니다. 내면의 변화를 통해 가질 수 있는 변화 말입니다. 성경은 열등감을 느끼는 인간의 내적 조건의 변화, 곧 열등감의 근원이 해결됨으로써 열등감을 다스릴 뿐만 아니라, 그 열등감과는 상관없는 자로 사는 것을 말합니다. "누구든지 그리스도 안에 있으면 새로운 피조물이라"라는 본문 말씀이 바로 이 사실을 말해 주는 중요한 표현 중 하나입니다.

이와 관련된 성경의 다른 증거는 로마서 6장에서 말하는 내용입니다. 장사되고 다시 살아나신 그리스도와의 연합 속에서 우리도 그와 함께 열등감의 근원인 죄에 대하여 죽고, 새 생명 가운데 행하는 것으로 말합니다. 또 에베소서와 골로새서는 우리의 옛 사람이 예수와 함께 십자가에 못 박혔다는 것, 옛 사람을 벗어 버리고 새사람을 입으라는 것, 옛 사람과 그 행위를 벗어 버리고 새사람을 입었다는 것 등으로 표현합니다. [9] 이런 다양한 성경의 증거들은 죄악된 본성을 가지고 태어난 인간이 더 이상은 예수 그리스도 안에서 이전과 같은 내적인 조건을 갖지 않고 새로워졌다는 사실을 말해 주는 것입니다.

예수 그리스도 안에 있는 새로운 창조

특히 본문은 누구든지 그리스도 안에 있는 자, 곧 예수 그리스도를 믿는 모든 자는 새로운 피조물이라고 말합니다. 이전 것은 지나가고 새 것이 되었다고 말합니다. 열등감을 느끼는 우리의 내면 조건마저 예수 그리스도 안에서 변화된다는 사실을 말해 주는 것입니다. 그렇다면 여러분은 이런 변화를 알고 있습니까? 또한 예수 믿는 자에 대한 이런 변화의 실체를 자신 안에서 보고 확인하십니까? 예수 믿는 사람에게는 반드시 이 내용이 있습니다.

본문에서 '피조물'로 번역된 말은 기본적으로 창조를 뜻합니다. 예수 그리스도를 통해 하나님의 새로운 창조로 있게 된 새 시대에 속한 자가 되었다는 말입니다. 이것은 예수를 믿으면 이 땅에서 완전히 새롭게 창조되어 전혀 다른 사람이 된다는 말이 아닙니다. 이 말은 예수 그리스도의 부활로 시작된 구원의 새 시대에 속하여 그런 존재로서 살게 되었다는 뜻입니다. 물론 이러한 내용에는 그런 자로서의 구체적인 변화, 곧 내면의 변화도 포함됩니다. 그러나 이것은 구원의 새 시대에 속하게 된 존재로서 살게 되었다는 것을 우선적으로 말하고 있습니다.

사실 새로운 창조에 속한 자의 궁극적인 모습은 우리가 장차 영광 가운데 부활하여 갖게 될 모습까지도 내포합니다. 그런데 바울은 본문에서 그리스도 안에 있으면 새로운 피조물이라는 말을 현재시제로 표현하고 있습니다. 즉 그리스도 안에 있으면 현재적으로 새로운 피조물이라는 것입니다. 비록 새로운 창조의 완전한 모습을 가진 것은 아니지만, 지금부터라도 새로운 창조의 모습을 갖는다는 것입니다.

그리스도 안에 있는 자의 새로움

여기서 먼저 주목해야 할 사실은 그리스도 안에 있는 자, 곧 예수를 믿는 자는 새로워진 자라는 것입니다. 그렇습니다. 새롭게 창조된 자는 분명히 뭔가 새로워진 자입니다. 이미 말한 대로 예수 그리스도의 부활로 시작된 구원의 새 시대에 속하게 되어 그런 존재로 살게 되었다는 면에서 그는 분명 새로워진 자입니다.

성경은 이러한 새로워짐과 관련해서 구체적인 내용을 더 많이 말합니다. 그것은 우리의 존재에 변화가 생기고, 이전에 상실했던 관계를 회복하면서 우리 내면에서부터 갖는 변화를 말합니다. 무엇보다도 예수를 믿음으로 하나님과 화목하게 된 것을 말합니다. 그리고 하나님과의 관계에서부터 새로워져 결국 다른 사람과의 관계도 새로워진 것을 경험합니다. 무엇보다도 우리는 그리스도의 몸이라는 교회 속에서 그것을 경험하게 됩니다.

또한 성경은 우리가 지대한 관심을 두는 자기 자신에 대해서도 새로워지는 것을 말합니다. 그 가운데 우리의 삶 또한 새로워지고, 궁극적으로는 삶의 결론까지 새로워지는 것을 말합니다. 그야말로 우리의 모든 것이 새로워진다는 사실을 성경은 분명히 말하고 있습니다.

그 가운데 우리가 주목할 내용은 열등감을 느끼는 자기 자신과의 관계에서 생기는 변화입니다. 이것은 바로 우리 자신 안에서 생기는 변화를 가리킵니다. 성경은 이러한 사실을 다양하게 말하는데, 일차적으로는 첫 장에서 언급했던 하나님의 형상과 관련된 내용을 말합니다. 즉 타락한 조건에서 하나님의 형상이 회복됨으로써 우리 자신에 대한 변화와 회복이 있게 되는 것입니다.

> "옛 사람과 그 행위를 벗어 버리고 새사람을 입었으니 이는 자기를 창조하신 이의 형상을 따라 지식에까지 새롭게 하심을 입은 자니라"(골 3:9-10).

이것은 타락으로 인해 하나님의 형상이 훼손되고 왜곡되어 자신 안에서 굴절과 비뚤어짐, 소외를 경험하는 인간의 조건에 변화가 생김으로써 새로워졌다는 것에 대한 정확한 진술입니다. 바로 그러한 변화를 골로새서 3장은 하나님의 형상이 회복되었다는 논지로 말한 것입니다. 결국 우리의 내적 조건이 이전과는 다르게 새롭게 되었다는 것이며, 자신에 대해 우월감과 열등감을 느끼며 그것에 따라 비뚤어진 모습과 반응을 드러내는 것에서 벗어났다는 말입니다. 더 이상은 그러한 파괴성을 드러내지 않을 수 있는 존재, 다시 말해 내면의 회복이 있게 되었음을 말해 주는 것입니다.

그런데 성경은 그런 일이 누구에게 있다고 말합니까? 바로 새 사람을 입은 자, 자기를 창조하신 이의 형상을 따라 지식에까지 새롭게 하심을 입은 자입니다. 본문대로 말하면 그리스도 안에 있는 자, 결국 예수 그리스도를 믿는 자를 말합니다. 그렇습니다. 예수 그리스도를 믿으면 하나님의 형상이 회복됨으로써 죄로 상실된 모든 관계, 특히 자신에 대한 관계가 회복되어 더 이상은 자신에게 열등감을 느끼지 않을 수 있는 내면의 변화가 생기게 됩니다.

여러분은 이런 변화를 경험하였고 또한 그것을 현재적으로 확인하고 있습니까? 설령 죄의 유혹으로 우월감과 열등감을 느끼는 일이 있어도 그것이 바르지 않음을 자각하여 다르게 반응하고 있습니까? 이 부분에 대해 자각이 없으면 고쳐지지 않습니다.

새로운 피조물이 된 사람은 열등감으로 인해 다른 사람까지 힘들게 한다는 사실을 자각하게 됩니다. 열등감이 자신에게 어울리지도 않고, 그것으로 인해 다른 사람까지 상하게 하는 일이 결코 바르지 않다고 자각합니다. 자신을 예수 그리스도 안에서 죄 사함 받은 자, 의롭다 함을 받은 자, 그리스도와 연합한 자로 보면서 더 이상은 열등감을 느낄 이유를 갖지 않습니다. 이처럼 그리스도 예수 안에 있는 자는 누구든지 자신에 대한 새로운 이해를 갖고 새로운 존재의 변화를 확인하게 됩니다.

그리스도의 구속이 우리 내면의 열등감을 다루시는 방식

어떤 사람은 일평생 열등감을 느끼며 살았던 사람이 예수를 믿는다고 해서 실제로 바뀌는 일이 가능하냐고 질문할지도 모르겠습니다. 그러나 성경은 이 부분에서 확실하고 실제적인 근거를 제시합니다. 바로 예수 그리스도께서 우리가 열등감을 느낀 이유였던 하나님의 형상을 훼손하고 왜곡시킨 죄를 해결하셨다는 사실입니다.

따라서 우리는 그러한 죄를 해결하신 예수 그리스도와 연합함으로써 열등감에서 벗어나는 일이 가능하게 됩니다. 죄로 인해 왜곡된 하나님의 형상을 가진 우리가 그러한 죄로부터 구속함을 얻어서 가능하게 된다는 것입니다. 그렇기 때문에 예수 믿는 자는 열등감이 죄악된 모습으로 나타나는 것을 인지하면서 그것을 어색하게 여깁니다. 열등감을 마냥 수용하고 있지 않습니다.

예수 그리스도께서 십자가에 달려 죽으신 것은 우리가 죽은 뒤에 천국에만 가도록 하기 위함이 아닙니다. 우리가 현재부터 그리스도 안에 있는 자, 새사람을 입은 자, 곧 우리를 창조하신 이의 형상을 따라 지식에까지 새롭게 하심을 입은 자로 존재하며 살게 하시려고 십자가에서 모든 것을 이루신 것입니다. 그래서 바울은 골로새교회 성도들에게 현재부터 새사람을 입은 자요, 자기를 창조하신 이의 형상을 따라 새롭게 하심을 입은 자로서 살 것을 말한 것입니다. 그것은 모두 예수 그리스도께서 하나님의 형상의 훼손과 왜곡의 원인이었던 죄를 해결하시고 우리를 대속하셨기 때문에 가능한 것입니다. 그것이 없는 사람은 누구도 하나님의 형상이 회복될 수 없고, 굴절된 내면에서 나타나는 열등감에서도 완전히 벗어나지 못합니다. 그는 에베소서 4장에서 말하는 심령이 새롭게 되어 하나님을 따라 의와 진리의 거룩함으로 지으심을 받은 새사람의 모습을 갖는 것이 무엇인지 모릅니다. 이처럼 예수 그리스도 안에서 구속 받지 못한 사람은 이러한 성경의 진술을 경험적으로 알지 못합니다.

그러나 예수 그리스도로 말미암아 하나님의 형상이 회복된 사람은 심령이 새롭게 되어 하나님을 따라 의와 진리의 거룩함으로 지으심을 받았다고 하는 변화를 자신 안에서 갖습니다. 이것은 결국 열등감과 우월감의 문제에서도 드러납니다. 이전과 같은 굴절된 내적 조건에서 새롭게 된 경험을 분명히 갖는다는 것입니다.

여러분은 이러한 심령의 변화, 즉 내적 조건의 변화를 알고 있습니까? 예수 그리스도를 믿음으로 죄 사함 받아 하나님의 형상의 회복 속에서 갖는 내면의 변화를 아느냐는 것입니다. 자신에 대해 열등감을 느끼면서 부정적으로 보는 것이 오히려 어색하고 불편하며 죄악되다는 자각은 우리 스스로는 가질 수 없는 것입니다. 열등감을 삶으로 갖고 느끼는 인간에게 그런 변화가 있으려면 먼저 그 원인인 죄가 해결되어야만 합니다. 그리고 그러한 죄가 해결되었다는 것에 대한 실재와 그것에 대한 신앙적인 인지도 함께 있어야 합니다. 결국 예수 그리스도의 피로 죄 사함을 받는 것만이 굴절된 우리 자신에 대해서 더 이상 부정적으로 반응하지 않을 수 있는 길입니다. 다시 말해 우월감과 열등감에 의해 자신을 보면서 행하지 않을 수 있다는 말입니다.

그리스도 안에서 다시 보는 '나'

그리스도인은 하나님과의 관계 속에서 '나'를 보게 됩니다. 이것이 예수 믿는 자에게 있는 큰 전환입니다. 자신이 전부였고, 다른 사람과의 비교 속에서만 자신을 봤던 것에서부터 이제는 하나님과의 관계 속에서 자신을 보기 시작합니다. 특히 그리스도 안에서 자신의 존재 가치와 복 됨을 보게 됩니다. 그리스도 안에서 자신의 아름다움을 보고, 그것에 만족할 수 있는 경험과 결론도 갖습니다. 환경과 상관없이 그리스도 안에서 자족하는 것을 알게 되는 것입니다. 비록 이 세상의 기준과 가치로는 못하고 부족해 보일지라도 그런 기준과 상대적인 판단이 아닌 영원하신 하나님의 시각에서 자신을 보게 됩니다. 하나님께서 의롭다 하시고, 영원히 사랑하시는 대상으로 자신을 보고, 그리스도의 피만큼 귀하게 여기는 존재로 보게 되는 것입니다.

그런 이유에서 심리학적인 자존감은 조작된 자존감이라고 말할 수 있습니다. 진정한 의미에서 자존감은 근거가 있기 때문입니다. 자존감을 파괴하는 죄를 해결한 조건에서 그리고 하나님과의 관계 속에서 보는 것이야말로 진정한 의미의 자존감입니다. 그런 조건에서 예수 믿는 자는 유혹을 받아서 열등감을 잠시 경험할 수 있을지는 몰라도, 더 이상은 열등감이 자신의 존재의 특성과 삶의 내용은 될 수 없습니다.

열등감은 우리와 연합하신 예수 그리스도와 우리 안에서 역사하시는 성령께서 거부하며 싫어하시는 것입니다. 이것이 예수 믿는 우리가 열등감을 느껴서는 안 되는 강력한 이유 중 하나입니다. 우리는 이 세상에서 비교할 수 있는 모든 것 중에서 최고인 예수 그리스도, 아니 비교 불가능한 예수 그리스도와 연합되어 있습니다. 그래서 예수 믿는 '나'라는 존재는 더 이상 혼자만의 '나'가 아닌, 나를 위해 죽고 사신 예수 그리스도와 연합된 '나'인 것입니다.

처음 예수 믿는 사람은 이런 내용을 철학적이고 심리학적이라고 생각할지도 모르겠습니다. 그러나 성경은 이것을 역사 속에서 그리스도께서 행하신 것과 연관된 사실로 분명히 말합니다. 구원과 신앙의 세계, 인간과 하나님의 관계 속에서 있는 중대한 문제로서 말하는 것입니다. 그래서 바울은 갈라디아서 2장에서 "내가 그리스도와 함께 십자가에 못 박혔나니 …"(갈 2:20)라고 말함으로써 예수 믿는 우리가 그리스도와 연합되어 훼손된 형상을 지닌 나의 옛 사람이 죽었다고 말한 것입니다. 그러면서 "그런즉 이제는 내가 사는 것이 아니요 오직 내 안에 그리스도께서 사시는 것이라"고 고백함으로써 예수 믿는 우리를 나 혼자가 아닌 그리스도와 연합된 자, 그리스도께서 내 안에 사시는 존재로 말했습니다. 그리고 하나님의 아들 예수 그리스도께서 나를 사랑하사 나를 위하여 자기 자신을 버리셨다고 덧붙였습니다.

예수 믿는 우리는 바로 그런 대상입니다. 이것을 모르는 자는 그리스도인일 수 없습니다. 이것을 모르고 사는 자도 마찬가지입니다. 그러므로 이 말씀에 근거해서 자신이 과연 이 사실을 알고 사는지 질문해 보십시오.

우리는 열등감에 빠질 때도 이 사실에 근거해서 자신은 열등감을 느낄 필요가 없는 자임을 보아야 합니다. 자신이 그리스도 안에서 어떤 자인지를 항상 기억하면서 그 사실을 붙들어야 하는 것입니다. 이것은 단순히 '마인드컨트롤' 하라는 얘기가 아닙니다. 예수 그리스도께서 실제로 이루셔서 우리와 함께 가지신 그 사실을 확인하고 확신하여 붙들라는 것입니다.

예수 믿는 우리는 하나님의 완전한 형상이신 그리스도께서 내 안에 사시는 그런 존재입니다. 실제로 그리스도는 역사 속에서 나를 위해 자신을 버리시기까지, 곧 생명을 주시기까지 사랑하셨고, 지금도 사랑하십니다. 이 사실 때문에 우리는 자신에 대해 조금도 열등하다고 말할 이유가 없는 것입니다.

참되고 변함없는 탁월함을 바라보라

예수 그리스도는 이 세상에서 가장 존귀하고 위대하신 분이요,

가장 영광스럽고 영원한 하나님의 아들이십니다. 그분은 우리를 죄에서 구원하신 구원자이며, 이 세상의 주권자요, 심판자이십니다. 그러하신 분께서 죽기까지 사랑하셨고, 지금도 사랑하시는 대상이 바로 우리입니다. 바울이 로마서 8장에서 "누가 그리스도의 사랑에서 끊으리요"라고 말한 것처럼 말입니다. 그래서 그는 빌립보서 3장에서 이 세상에서 우월감과 열등감을 느끼게 하는 것들을 모두 배설물로 여긴다고 말했습니다. 그리스도 예수를 아는 것만이 최고이기에 다른 것으로 열등감을 느낄 이유가 없다고 말한 것입니다.

이처럼 예수 믿는 자는 열등감을 느끼게 할 모든 것을 능가하시는 그리스도와 연합한 자요, 그분이 사랑하시는 대상이며, 그분께서 우리 안에 거하시는 자입니다. 그러므로 여러분이 정녕 예수 그리스도를 알고, 또 믿고 있다면 자신이 누구인지를 분명히 보십시오. 그걸 보지 못하고, 알지도 못하면서 예수를 믿는다고 말할 수는 없습니다.

우리와 연합하신 그리스도, 우리를 사랑하사 자신을 버리신 하나님의 아들보다 더 높은 자가 이 세상에 어디에 있습니까? 그분보다 더 능력 있고 완전한 자가 어디 있느냐는 말입니다. 이 세상에서 그리스도보다 더 우월한 것은 없고, 지속적으로 매력 있고 강력한 것도 없습니다. 우리는 바로 그러하신 예수 그리스도의 사랑을 받는 대상입니다. 그야말로 우리는 예수 그리스도 안에서 영원한 가치가 있는 죄 사함을 받았고, 참 생명을 얻은 자입니다. 아니, 우리는 모든 것을 갖게 하신 예수 그리스도와 하나된 자입니다.

이 세상은 출신 성분이나 재력, 지식이나 실력의 유무, 외모에 따라 열등감을 느끼며 살아갑니다. 그러나 우리는 그 모든 것이 아무것도 아닌 것이 되게 하는 최고의 내용을 소유한 자입니다. 그 어떤 것과도 비교 불가능하며, 이 세상에서 우월감과 열등감으로 말하는 모든 것을 능가하고도 남는 예수 그리스도를 말입니다. 이 세상에서 우월감과 열등감을 갖게 하는 모든 것은 다 변하고 지나갑니다. 그것은 모두 우리가 죽기 전까지 비교하는 것들에 불과합니다.

예수 믿는 우리가 무엇을 비교하고 싶다면 제대로 비교해야 합니다. 이 세상에서 우월감과 열등감을 느끼게 하는 것이 무엇이 되었든지 그것을 예수 그리스도와 그의 피가 이룬 것과 비교해 보십시오. 정녕 예수 그리스도의 피로 죄가 사해진 것보다 더 탁월한 것이 있을까요? 죄를 해결한 것보다 더 강력한 것이 있느냐는 말입니다. 이 세상에 죄를 이긴 자가 어디에 있습니까? 황제나 대통령이나 누가 죄를 이길 수 있습니까? 그들은 모두 아침에 일어나서 다시 죄를 짓는 자들입니다. 이 세상에서 아무리 강력한 권세를 가진 자도 죄는 결코 이기지 못합니다. 그러므로 예수 그리스도의 피로 우리의 죄가 사해진 것보다 더 고귀하고 가치 있는 것은 없습니다. 예수 믿는 자는 바로 그런 사람입니다. 하나님은 그런 자를 의롭다 하실 뿐만 아니라, 실제로 그렇게 보십니다.

또한 그리스도 안에서 얻게 되는 참 생명, 곧 영생보다 가치 있는 것이 어디 있습니까? 그리스도 안에서 우리를 끝없이 받아주시며 사랑하시는 하나님의 은혜와 사랑은 어떻습니까? 그보다 탁월하고 가치 있는 것이 있을까요? 이 땅의 모든 것은 변하고, 사람들은 변덕스럽습니다. 누군가 우리를 사랑해도 끝까지 사랑하지 않습니다. 부부 사이에도 사랑은 식고, 부모 자식 사이에도 그렇습니다. 우리는 누구를 끝까지 사랑해 주지 않습니다.

바울은 그리스도를 알게 된 것을 최고의 가치로 알고 살았습니다. 그리스도를 아는 지식이 가장 고상하다고 했고 아예, 나의 나 된 것은 하나님의 은혜라고 말했습니다. 그야말로 자신의 모든 것, 즉 자신의 존재 자체로부터 시작해서 자신에게 베풀어진 현재의 삶의 모든 조건이 하나님의 은혜로 된 것임을 알고, 그것보다 가치 있는 것은 없다고 말했습니다. 그래서 그는 과거에 그렇게 자랑스럽게 여겼던 출신 성분과 종교적 배경, 도덕적 성취와 같은 것을 모두 배설물로 여겼습니다. 그는 과거에 "팔일 만에 할례를 받고 이스라엘 족속이요 베냐민 지파요 히브리인 중의 히브리인이요 율법으로는 바리새인이요 열심으로는 교회를 박해하고 율법의 의로는 흠이 없는 자라"(빌 3:5-6)는 사실을 통해 우월감을 가졌었지만, 이제는 그것을 현재의 '나'가 되게 하신 그리스도와 비교해 볼 때 배설물로 여길만큼 하찮은 것이었습니다. 자신에게 있는 그리스도보다 더 탁월한 것은 없고, 하나님의 은혜보다 더 가치 있는 것은 없다는 것입니다. 그렇습니다! 예수 그리스도를 믿는 우리가 바로 그런 자입니다.

우리 자신을 열등하다 여길 수 없는 이유

오늘날 우리는 이 세상의 가치에 찌들어서 예수 믿는 것의 가치를 하찮게 여기는 일이 있지만, 사도 바울은 그렇지 않았습니다. 이 세상에서 아무리 가치 있는 것이라 해도 그것은 다 지나가는 것이고, 죽기 전까지 붙드는 것일 뿐입니다. 그래서 바울은 로마서 8장에서 우리를 하나님의 상속자요, 그리스도와 함께한 상속자이고, 그리스도 예수 안에 있는 하나님의 사랑에서 끊을 수 없는 자로 말합니다. 또 에베소서 5장에서는 하나님의 사랑을 받은 자녀로 말합니다. 그런 우리가 무엇을 가지고 자신을 비교하면서 열등하다고 평가할 수 있겠습니까?

그러므로 예수 그리스도를 믿는 우리 자신에 대한 증거를 정확히 보십시오. 그리스도 안에서 갖게 된 우리의 존재와 신분, 장래에 대해서 말입니다. 우리의 존재 가치는 항상 '그리스도 안에서'라는 사실을 잊지 마십시오. 하나님은 우리를 그리스도 안에서 보십니다. 흠이 많고 유한하며 하나님 앞에 설 수 없는 조건임에도 불구하고 하나님은 우리를 그리스도 안에서 보심으로써 의롭다 하시고, 그리스도의 의를 가진 의인으로 보십니다. 하나님의 사랑하는 자녀요, 영원히 사랑할 대상으로 보시는 것입니다. 그래서 하나님의 사랑에서 영원히 끊을 수 없는 대상으로 삼으시고, 실제로 그렇게 사랑하시는 것입니다.

하나님은 이 세상 기준으로 우리를 보거나 대하지 않으십니다. 이 세상 기준으로 서로를 보고 대하는 것은 우리끼리 만든 틀입니다. 우리는 이 세상에서 우리끼리 갖고 경험한 상대적인 지식, 언젠가는 모두 사라져버릴 지식을 가지고 서로를 판단합니다. 이 세상에는 더 많이 갖고 못 갖는 것으로 사람을 판단하고 무시하면서 열등감을 느끼는 일이 있지만, 예수 믿는 자들은 그렇게 알고 가르쳐서는 안 됩니다.

요즘 초등학생들이 아파트에 사는 아이와 아파트 밖에 사는 아이를 구분한다는 얘기가 있습니다. 또한 우리는 아파트를 샀는데 얼마 지나지 않아 가격이 몇 억씩 오르는 희한한 세상에 살고 있습니다. 다른 나라에서는 찾아볼 수 없는 기형적인 현상입니다. 그러나 많은 사람이 그것에 길들여져 사람을 판단하면서 열등감과 우월감을 느끼는 아주 기이한 세상에 살고 있습니다. 사람들은 이것을 당연한 것으로 생각하고 그러한 삶에 편승하고 있지만, 이것은 죄악된 본성에 따른 괴이한 삶의 현상입니다.

하나님은 이 세상 모든 것에 대한 가장 정확한 판단자이십니다. 우리는 수많은 이유를 가지고 열등감을 느끼지만, 하나님은 우리를 외모로 판단하지 않습니다. 하나님은 우리가 사람을 판단하는 종류의 기준을 모두 무시하십니다. 아무리 천한 자라 할지라도 하나님은 그 영혼을 고유하게 창조된 인격체로 보십니다. 그가 장차 예수를 믿어 영화롭게 될 때 온몸이 온전해질 고유한 인격체로 아시고 사랑하시는 것입니다.

그러므로 이 세상 그 무엇과도 비교되지 않는 예수 그리스도를 알고, 그 안에 있는 그리스도인은 결코 열등감을 가질 이유가 없습니다. 하나님의 사랑에서 끊을 수 없는 자, 하나님의 사랑을 받는 자는 이 세상의 것으로 열등감을 가질 필요가 없는 것입니다.

세상의 헛된 것이 우리 마음을 움츠러들지 못하게 하라

그럼에도 불구하고 예수 믿는 자가 열등감을 느끼게 된다면 그는 그 순간만큼은 사탄과 세상과 육체의 유혹에 빠진 것입니다. 우리는 그럴 이유가 없습니다. 혹시라도 그런 유혹이 찾아온다면 나를 위해 죽으시고 부활하시고 승리하신 그리스도를 생각하십시오. 그가 우리를 위해 행하신 모든 것과 우리가 그 분과 연합된 사실을 정확히 인지하십시오. 죽기까지 나를 사랑하신 그리스도와 그의 십자가를 보라는 말입니다. 뿐만 아니라 우리는 그리스도께서 나를 위해 죽으심으로써 갖게 하신 영원한 것들도 기억해야 합니다. 바울은 그런 그리스도와의 관계 때문에 다음과 같이 말했습니다.

"누가 우리를 그리스도의 사랑에서 끊으리요 환난이나 곤고나 박해나 기근이나 적신이나 위험이나 칼이랴"(롬 8:35).

"내가 확신하노니 사망이나 생명이나 천사들이나 권세자들이나 현재 일이나 장래 일이나 능력이나 높음이나 깊음이나 다른 어떤 피조물이라도 우리를 우리 주 그리스도 예수 안에 있는 하나님의 사랑에서 끊을 수 없으리라"(롬 8:38-39).

바울은 그야말로 우리가 아무 것도 끊을 수 없는 하나님의 사랑의 대상이라고 말한 것입니다. 우리는 열등감을 느끼는 것이 결코 어울리지 않는 우리의 복된 관계와 지위, 장래를 바라보아야 합니다. 남들과 비교하며 자신을 하찮게 여기지 말아야 합니다.

우리는 상대적인 것을 가지고 서로 비교하면서 자신이 우월하다거나 또는 열등하다는 생각에 빠지게 만드는 죄의 유혹을 경계해야만 합니다. 우리는 그런 생각을 거의 본능처럼 갖지만, 사실 그것은 죄의 유혹입니다. 특히 예수 그리스도를 믿는 우리가 그런 생각을 한다면, 그것은 우리가 그리스도 안에서 모든 것을 가졌다는 사실을 업신여기는 것입니다. 그러므로 이 세상의 것으로 비교하면서 열등감에 빠지지 말고, 자신이 그리스도 안에서 어떤 자인지를 항상 보십시오. 열등감에 빠질 유혹이 있을 때마다 그 사실을 붙드시길 바랍니다. 하나님께서 그리스도 안에서 나를 어떻게 보고 대하시는지를 따라 그렇게 자신을 보시기 바랍니다.

우리에게는 하나님의 아들 예수 그리스도께서 역사 속에 오셔서 우리를 위해 죄를 사하시고 이루신 영광스러운 복과 생명이 있습니다. 우리는 이 사실에 근거해서 우리 자신을 보아야 합니다. 하나님께서 그리스도를 통해 실제로 우리의 죄를 사하심으로 우리를 사랑하시는 그 사실에 근거해서 말입니다. 바로 이것이 하나님께서 우리를 보시는 방식입니다.

이 세상의 것을 가지고 우월감과 열등감을 느끼는 것은 그야말로 허풍스러운 것입니다. 그것은 모두 지나가는 것들이기 때문입니다. 그것은 우리의 생각과 마음을 실제와는 다르도록 생각하게 만드는 것일 뿐, 실제가 아닙니다. 영구한 것도 아니고, 우리의 존재 자체도 아닙니다.

우리는 인간이 가진 우월감과 열등감이 모두 허풍이라는 사실을 인생 중에 얼마든지 확인할 수 있습니다. 특히 죄와 죽음이라는 실체 앞에서 우리는 그것을 명확하게 보게 됩니다. 그러므로 우리는 그런 허풍스러운 우월감과 열등감에 놀아나지 않고, 오히려 그리스도 안에서 갖게 된 영원한 실체를 보고 살아야 합니다. 그리스도 안에서 연합된 나, 하나님의 사랑에서 끊을 수 없는 나를 봄으로써 건강한 자아, 건강한 내면을 가지고 살아야 합니다. 부디 그리스도 안에서 새로운 피조물이요, 그리스도로 말미암아 새사람을 입었다는 이 엄연한 사실을 잊지 마십시오. 이 사실을 무시하며 살지 마십시오. 우리에게 있는 영광스럽고 복된 사실을 인식하면서 그런 존재와 삶을 이 땅에서부터 막힘 없이 갖고 사십시오. 왜냐하면 그것이 그리스도 안에서 새로운 피조물이 된 우리 그리스도인의 존재와 삶이기 때문입니다.

이 장의 요약

- 성경이 말하는 열등감과 우월감에서 벗어날 수 있는 두 가지 사실은 예수 그리스도의 대속과 성령의 역사이다.

- 그리스도를 믿음으로 새로운 피조물이 되어 하나님 안에 사는 것으로 열등감을 극복할 수 있다.

- 예수를 믿는 자는 예수 그리스도의 부활로 시작된 구원의 새 시대에 속한 자요, 새로운 창조의 모습을 가진 자이다.

- 그리스도인은 하나님과의 관계 속에서 '나'를 보고, 그리스도 안에서 자신의 존재 가치와 복 됨을 본다.

- 그리스도인은 열등감을 느끼게 할 모든 것을 능가하는 그리스도와 연합한 자요, 그분이 사랑하는 대상이다.

- 열등감을 느끼게 할 유혹이 찾아올 때마다 그리스도 안에서 자신이 어떤 자인지를 생각하라.

4

성령이 열등감을 비추실 때

육신을 따르는 자는 육신의 일을, 영을 따르는 자는 영의 일을 생각하나니(롬 8:5).

너희가 서로 거짓말을 하지 말라 옛 사람과 그 행위를 벗어 버리고 새사람을 입었으니 이는 자기를 창조하신 이의 형상을 따라 지식에까지 새롭게 하심을 입은 자니라(골 3:9-10).

성령에 의해 새롭게 됨

예수 그리스도로 말미암은 새 창조 속에 있게 된 그리스도인은 자신의 존재 가치를 그리스도 안에서 보고 갖게 됩니다. 그는 더 이상 열등감 속에서 살 이유를 갖지 않습니다. 그리스도인은 상대적인 기준이 아니라, 그리스도 안에서 갖게 된 절대적인 기준과 가치로 자신을 보고 그에 따라 행할 수 있기 때문입니다. 이처럼 우리가 열등감 속에서 살지 않을 수 있는 길은 오직 예수 그리스도를 믿음으로써 새 피조물이 되어 그분 안에 있게 될 때만 가능합니다.

그런데 성경은 열등감 속에서 살지 않을 수 있는 길로서 한 가지 사실을 더 말해 주고 있습니다. 그것은 바로 성령에 의해 지속적으로 새롭게 하심을 입는 것입니다.

예수 그리스도로 말미암아 하나님의 형상이 회복된 사람이라 할지라도 언제든지 열등감에 빠질 수 있습니다. 그러나 우리는 지속적으로 성령에 의해 새롭게 하심을 입는 가운데 열등감에 머물러 살지 않을 수 있습니다. 달리 말해 성령에 의한 성화의 역사 속에서 열등감과 우월감의 유혹에 빠지지 않을 수 있는 것입니다. 뿐만 아니라 설령 그러한 유혹에 빠진다고 하더라도 우리는 성령의 도우심 속에서 그런 삶에서 벗어날 수 있습니다. 그러므로 이 장에서는 열등감에 빠지지 않고, 건강한 자아상을 갖고 그리스도인의 삶을 살게 하시는 성령의 역사에 대해 살펴보고자 합니다.

육신의 일이 아닌 성령의 일을 생각하게 하시는 성령

여기서 우리가 먼저 주목해야 할 것은 예수 그리스도를 믿음으로 새로운 피조물이 되었음에도 불구하고 열등감을 느끼면서 파괴적인 결과를 드러내는 문제입니다.

열등감은 타락한 인간이 죄성에 따라 드러내는 굴절된 내면의 표현으로, 특히 자신을 기준으로 삼고 자신이 판단자가 되어 행하는 교만 속에서 갖고 드러내는 것입니다. 그런데 중요한 것은 예수 그리스도의 피로 구속함을 받아 자신 안에 성령이 거하는 자는 그것을 비정상적으로 여깁니다. 그 이유는 바울이 로마서 8장 5절에서 말하는 대로 예수 그리스도를 믿는 자는 "영을 따르는 자"이기 때문입니다. 이어서 9절에서는 "누구든지 그리스도의 영이 없으면 그리스도의 사람이 아니라"고 말함으로써 그리스도인은 성령이 거하는 자요, 성령을 따르는 자임을 밝히고 있습니다.

여러분, 본문에서 바울이 성령을 따르는 자의 특징적인 모습으로 무엇을 말하고 있는지 보십시오. 그것은 바로 성령의 일을 생각하는 것입니다. 그렇다면 성령의 일을 생각하는 것은 무엇을 말하는 것일까요? 그것은 먼저 소극적인 면에서는 8절 상반절에서 말하는 육신에 있는 자들이 갖는 생각, 즉 육신의 일을 생각하는 일이 없어야 한다는 것을 말합니다. "육신에 있는 자들은" 8절 말씀대로 "하나님을 기쁘시게 할 수 없"습니다.

여기서 '육신'은 타락한 본성 즉 거듭나기 이전의 인간 조건을 말합니다. 존 스토트(John. Stott)는 이것을 "우리의 타락하고 자기중심적인 인간성" 또는 "죄의 지배를 받는 자아"로 묘사합니다.[10] 자기중심적인 생각은 단순히 머리로 한번 생각해 보는 것이 아니라, 우리의 이해와 정서, 의지와 추구의 방향을 말하는 것입니다. 따라서 육신의 일을 생각하는 것은 우리의 이해와 정서, 의지와 추구의 방향이 자기 중심성을 가지고 죄의 지배를 받는 것을 의미합니다.

하지만 성령을 따르는 자는 더 이상 그런 것을 자신의 존재와 삶의 특징으로 갖지 않습니다. 물론 일시적으로는 있을 수 있더라도 그것이 자신의 존재와 삶의 특징은 아닙니다. 성령을 따르는 자는 그런 유혹을 받을 때마다 성령을 따라 행하는 가운데, 그것이 죄악되고 거룩하지 않다는 사실을 자각하여 거부하기 때문입니다.

이처럼 성령을 따르는 자는 소극적으로는 육신의 일을 거부할 뿐만 아니라, 적극적으로는 성령께서 원하시는 거룩한 것에 자신의 의지와 방향과 추구와 정서를 갖습니다. 이런 점에서 새로운 피조물이 된 자, 곧 성령이 거하는 자는 열등감과 우월감을 정상적인 것으로 여길 수 없습니다. 왜냐하면 죄성을 드러내는 열등감과 우월감은 성령의 일을 생각하는 것에 상반되고, 육신의 일을 생각하는 것에 일치되기 때문입니다.

성령은 죄에 대하여, 의에 대하여, 심판에 대하여 자각하게 하시는 분입니다.(요 16:8 참조) 그래서 성령은 죄성에 따르는 열등감에 대해 그 마음의 동기부터 비추어 자각하게 하십니다. 그런 면에서 열등감은 성령의 일을 생각하는 것과는 전혀 상관이 없고, 오히려 정반대에 있습니다. 성령은 오히려 그것을 우리로 하여금 자각하게 하셔서 건강한 자아상을 갖도록 만드십니다.

또한 성령은 우리가 새로운 피조물이라는 사실도 계속 상기시킴으로써 그런 자로 살도록 이끄십니다. 바로 그러한 사실을 본문은 "자기를 창조하신 이의 형상을 따라 지식에까지 새롭게 하심"(골 3:10)으로 말하는 것입니다. 다시 말해 성령은 죄와 연관된 열등감과 우월감을 다루셔서 그리스도의 구속으로 회복된 하나님의 형상이 지속적으로 새롭게 되도록 역사하신다는 말입니다. 이처럼 골로새서 본문은 죄로 굴절된 하나님의 형상과 자아를 가진 인간이 새롭게 될 수 있음을 말해 주고 있습니다.

옛 사람을 벗기신다

한편 골로새서 본문은 이러한 사실을 두 가지 시제로 말합니다. 하나는 옛 사람과 그 행위를 벗어 버리고 새사람을 입었다는 '부정과거시제'이고, 또 다른 하나는 자기를 창조하신 이의 형상을 따라 지식에까지 새롭게 하심을 입는다는 '현재시제'입니다. 이것은 굴절된 자아를 가진 인간이 어떻게 해서 새롭게 하심을 입을 수 있는지에 대해 두 가지 시제로 설명해 주는 내용입니다. 부정과거시제로 표현한 것은 단번에 일어난 것을 말하는 것이고, 현재시제로 표현한 것은 현재에도 계속 진행 중인 지속적인 행동을 말하는 것입니다.

그렇다면 죄로 굴절된 하나님의 형상을 가진 인간이 어떻게 해서 단번에 옛 사람을 벗어 버리고 새사람을 입을 수 있을까요? 그것은 로마서 6장에서 말한 것처럼 우리의 옛 사람이 예수와 함께 십자가에 못 박히고 그와 함께 산 자가 됨으로써 입니다. 즉 예수 그리스도를 믿음으로 그와의 연합 속에서 죽고 삶으로써 있게 되는 것입니다. 물론 이 일의 배경에는 우리 안에서 생명을 일으키는 성령의 역사가 있지만, 이것 또한 예수 그리스도를 믿어 그와 연합됨으로써 가능해집니다. 중요한 것은 옛 사람을 벗어 버리고 새사람을 입은 근거가 일차적으로는 예수 그리스도께서 우리를 위해 죽고 다시 사신 것, 즉 예수 그리스도의 구속에 있다는 것입니다. 왜냐하면 예수 그리스도에 의해 죄가 해결되는 조건에서만 하나님의 형상은 비로소 회복 가능해지기 때문입니다. 우리의 옛 사람은 죄의 사람이기 때문에 그러한 조건에 있는 우리를 예수 그리스도께서 대속하는 일 없이는 우리는 결코 새사람이 될 수 없습니다.

여기서 '옛 사람'은 죄의 지배를 받으며 살던 과거의 우리 자신, 곧 '나'라는 인격체를 말합니다. 그래서 성경은 타락한 인간, 곧 죄의 노예가 된 인간의 모습을 '옛 사람' 또는 '옛 자아'로 표현합니다. 바로 그러한 조건에서 새사람을 입는 것은 심신을 수련하고 도를 닦아서 되는 일이 아니라 오직 예수 그리스도의 구속의 은혜를 입을 때에만 가능합니다. 이것이 바로 하나님의 형상이 회복되는 것과 관련하여 본문이 부정과거시제로 말한 내용입니다.

점진적이고 지속적으로 이끄시는 성령

이러한 내용과 함께 우리는 본문이 뒤이어서 말한 내용에도 주목해야 합니다.

"… 자기를 창조하신 이의 형상을 따라 지식에까지 새롭게 하심을 입은 자니라"(골 3:10).

이것은 하나님이 태초에 천지를 창조하실 때 말씀하셨던 내용과 관련되어 있음을 보여 줍니다.

죄로 인해 왜곡되어 있던 하나님의 형상은 예수 그리스도로 말미암아 구속함을 받아 새로운 자아를 갖게 됩니다. 그런데 본문은 그 새로운 자아가 계속해서 새롭게 하심을 입어야 한다는 사실을 현재시제로 말해 줍니다. 예수를 믿고 하나님의 형상이 회복되어 새사람이 되었다고 해서 그것으로 모든 것이 완벽해진 것은 아닙니다. 본문에서 바울이 현재시제를 사용한 것은 새사람을 입은 그 사람이 계속해서 새롭게 하심을 입어야 한다는 사실을 말하고자 함입니다. 그것이 바로 예수 믿는 자들이 이 땅을 사는 동안 지속적으로 가져야 할 조건입니다.

예수 믿는 자는 계속해서 새사람을 입지 않으면 안 되는 한계를 갖고 있습니다. 왜냐하면 우리에게는 여전히 죄와 악이 있을 뿐만 아니라, 사탄의 간계가 있는 세상 속에서 살아가기 때문입니다. 이러한 한계 속에서 우리가 지속적으로 새롭게 하심을 입는 일은 오직 성령에 의해서만 가능합니다. 옛 사람이 죄의 지배를 따라 살았던 것처럼 새사람도 성령의 다스림을 따라 살아야 하는 것입니다. 로마서 8장 본문으로 말하면 성령을 따라 사는 자가 되어 계속해서 성령의 이끄심 속에서 새롭게 하심을 입어야 한다는 것입니다.

우리는 이러한 새사람을 새 자아로 표현할 수 있는데, 그것은 그 사람이 과거에는 죄의 지배를 받던 통일된 인격체였다면, 이제는 성령이 다스리는 인격과 통일된 자아를 갖게 되었기 때문입니다. 그런데 그런 새로운 자아가 열등감을 느낀다고 한번 생각해 보십시오. 그것은 매우 부자연스러운 일입니다. 새로운 자아는 성령의 지배를 받는 통일된 인격체이기 때문입니다. 그래서 예수 믿는 자들이 거룩하게 변화되는 삶의 여정을 가리켜 '성화(聖化)'라고 표현할 때, 거기에는 하나님 또는 그리스도를 닮는 것과 함께 죄와 싸우는 일이 있음을 내포하고 있습니다. 성령은 바로 이 부분에서 우리의 열등감을 자각하게 하시기 때문에 우리는 그것을 불편하게 느끼게 되는 것입니다. 이처럼 성령은 우리의 자아를 지속적이면서도 점진적으로 새롭게 하면서 열등감을 다루십니다. 성화되도록 역사하시는 것 속에서 열등감의 죄악됨과 파괴성을 자각하게 하시는 것입니다.

혹자는 이런 내용을 성화의 내용으로 설명하는 것에 대해 의아하게 생각할지도 모르겠습니다. 그러나 열등감과 우월감의 문제는 성화의 과정과 연결해서 더 구체적으로 생각할 필요가 있습니다. 실제로 우리의 신앙과 삶 속에는 이런 문제가 너무 많기 때문입니다. 하지만 예수 믿는 자에게는 열등감에 대해 이전과는 다르게 반응하며, 또 그 속에서 살지 않을 수 있는 성령의 역사가 있습니다.

여러분은 이러한 성령의 역사를 경험하며 살고 있습니까? 열등감을 느끼는 유혹을 받을 때마다 그것이 자신에 대한 바른 이해도 아니고, 또 그렇게 반응하는 것이 죄악되다는 사실을 자각하고 있느냐는 것입니다. 열등감을 통해 자신과 다른 사람을 힘들게 하는 일이 드러날 때, 그것이 문제라는 사실도 모르고 산다면 그것은 분명 새사람의 모습은 아닙니다.

점점 깊어지는 '지식에까지 새롭게 하심'

본문에서 바울은 새사람 또는 새 자아를 가진 그리스도인이 지속적으로 새사람을 입는다는 사실을 '지식에까지 새롭게 하심을 입은 자'로 말합니다. 여기서 '지식'은 흔히 마음을 포함한 지식이라고 말하기도 하지만, 하나님의 뜻을 아는 것을 의미합니다. 따라서 이 지식은 하나님에 대한 이해 뿐만 아니라, 하나님과 다른 사람, 자연과의 관계에 대해 하나님이 알게 해 주신 것도 포함합니다. 바울이 예수 그리스도를 믿어 하나님의 형상이 회복된 새사람을 말하면서 지식에까지 새롭게 하심을 입는 변화로 말한 것은 그것이 하나님의 형상의 회복 속에서 있을 것들이기 때문입니다. 바로 그런 내용들이 실제로 우리가 예수를 믿으면 있게 되는 것입니다.

한편 "지식에까지 새롭게 하심을 입은" 것을 현재시제로 표현한 것은 그것이 단번에 완벽하게 되는 것이 아님을 시사합니다. 그것은 성령의 지속적인 사역과 그의 말씀을 통해 계속해서 새롭게 하심을 입고 성숙해져 가는 것을 말합니다. 새사람, 새 자아는 바로 이러한 과정을 가집니다. 바로 이러한 과정에서 우리는 하나님과 다른 사람, 다른 피조물에 대해 그리고 더 나아가서 자기 자신에 대해 말씀을 통해서 더욱 새롭게 하심을 입고 자라게 됩니다. 이전에는 자신에 대해 몰랐고 하나님에 대한 이해도 없었지만, 이제는 자신에 대해 계시하신 하나님의 말씀에 대한 이해가 깊어지면서 점점 달라지게 되는 것입니다.

그러나 또한 우리는 모두 인격을 가진 존재이기에, 우리 자신과 하나님에 대한 계시의 말씀을 들었다고 해서 그것으로 단숨에 바뀌는 것이 아님을 기억해야 합니다. 교회에서 오랫동안 신앙생활 하면서 지식을 가지고 있어도 그 지식으로 자신을 바꾸지 않는 것이 우리라는 존재입니다. 이처럼 우리는 쉽게 바뀌지 않고 변화가 더딥니다. 그 때문에 바울은 새롭게 하심을 입는 것을 현재시제로 말하는 것입니다.

우리 자신에 대한 이해를 새롭게 하심

성령께서 말씀을 통해 우리 안에서 새롭게 하심을 입고 자라게 하실 때 하시는 일 중 하나는, 하나님과의 관계 속에서 우리 자신에 대한 이해를 새롭게 갖게 하시는 것입니다. 결코 열등감을 느낄 이유가 없는 우리 자신을 보고 알게 하시는 것입니다.

우리는 아주 사사로운 것에서부터 시작해서 다양한 내용 속에서 열등감을 가질 수 있습니다. '나는 왜 이런 모습으로 태어나 이런 가정에서 자랐으며, 내 삶의 환경은 왜 이런가?' 우리는 또 자신에게 무엇이 있고 없는지를 가지고 열등감을 느낍니다. 이것은 초등학교 때나 청년 때나 결혼해서나 늙어서도 마찬가지입니다. 그야말로 우리는 삶의 모든 것과 결부시켜 열등감을 가질 수 있습니다. 그래서 우리는 지식과 거룩함에서 지속적으로 새로워지고 자라가야만 하는 것입니다.

세상과 마귀와 육체의 유혹이 예수 믿는 우리의 신앙과 삶의 모든 것에서 나타나는 것처럼, 이것은 열등감과 우월감과 관련해서도 나타납니다. 저는 지금까지 지독한 열등감 속에 무기력해 하는 모습부터 시작해서 열등감 속에서 매우 공격적으로 행동하는 모습까지 다양한 모습들을 봐 왔습니다. 심지어 교회 안에서도 말입니다. 어떤 사람은 좀처럼 말씀으로 극복되지 않는 것처럼 열등감을 노출하며 사는 사람도 있었습니다. 그것은 분명 새사람의 모습은 아닙니다.

아무리 자신을 위장해도 열등감을 가진 사람은 반드시 그것을 드러내게 돼 있습니다. 오랜 세월을 같이 지내다 보면 자기에게 있는 열등감을 드러냅니다. 그런데 성령 하나님은 새사람이 된 우리에게 말씀을 통해서 하나님과의 관계에 대한 깊이를 갖게 하시고, 다른 사람에 대한 관계를 이끄십니다. 또한 우리 자신이 어떤 자인지도 알게 하심으로써 열등감의 문제를 다루십니다. 그리하여 회복된 하나님의 형상, 즉 건강한 자아상을 회복하여 살도록 이끄십니다. 우리 자신에 대해 열등감을 느낄 이유가 전혀 없다는 것을 하나님과의 관계 속에서 그리고 그리스도 안에서 보게 하십니다.

그러므로 우리는 질문해야 합니다. 나 자신에 대해 어떻게 생각하며 살고 있는지를 말입니다. 이것은 중요한 질문입니다. 이것은 심리적으로 자존감을 높이는 긍정의 힘을 얘기하려는 것이 아닙니다. 성경에 근거한 정확한 사실을 근거로 말하려는 것입니다. 여러분은 성령께서 그의 말씀을 통해 자신에 대해 알게 하시는 바대로 그렇게 알고 살고 있습니까? 성령께서 알게 하시는 것을 따라 열등감을 느낄 이유가 없는 존재로 자신을 보면서 그렇게 반응하고 있습니까? 그것이 바로 새사람이 된 자의 삶의 특징입니다. 열등감을 느끼는 문제와 관련해서 우리가 생각해야 할 사실은, 우리 자신에 대해 새로운 이해를 갖는 것뿐만 아니라, 그것을 성령의 새롭게 하심 속에서 지속적으로 갖는 것입니다.

성경, 하나님과 그의 백성에 대한 계시

성경은 하나님에 관한 계시의 책입니다. 그래서 하나님이 어떤 분이신지, 특히 하나님이 친히 육신을 입고 이 땅에 오셔서 구원하시는 내용을 시종일관 기록하고 있습니다. 그야말로 성경의 중심에는 하나님의 아들 예수 그리스도가 있습니다. 그러나 성경은 일방적으로 하나님에 대해서만 말하지는 않습니다. 하나님께서 구원하시는 대상인 우리에 대해서도 함께 말하고 있습니다. 특히 하나님 자신에 대한 계시와 맞물려서 자신의 백성들에 대해서도 말하고 있습니다. 이처럼 성경은 하나님 자신 뿐만 아니라 예수 믿는 우리 자신에 대해서도 함께 말씀하시면서 우리가 어떤 자인지를 신앙과 삶 속에서 확인하고 적용하며 살기를 원하십니다.

성경은 우리가 우리 자신에 대해 아는 것보다 훨씬 크고 광대한 사실, 아니 우리가 다 헤아리지 못할 비밀스러운 사실을 말합니다. 우리는 그런 사실을 성경에서 확인하고 자신을 그것에 비추어 보며 살아야 합니다. 특히 신약성경에서 예수 믿는 자에 대해 말하는 사실들이 자신에게 해당된다는 것을 알고 자신을 그런 자로 인식하며 살아야 합니다.

성경은 예수 그리스도를 믿는 우리를 그리스도와 함께 새롭게 된 자, 새 창조에 속한 자라고 말합니다. 성경은 그리스도에 대해 말하는 것만큼 우리를 그리스도와 뗄 수 없는 자로 연결해서 말하고 있습니다. 성경에서 '그리스도 안에서'라는 말이 수도 없이 나오는 이유입니다. 이것은 신약성경에서 가장 놀라운 내용 중 하나입니다. 하나님의 백성을 설명하는 모든 설명을 '그리스도 안에서'라는 표현으로 묶고 있습니다. 결국 그리스도에 대해 말하는 것만큼 우리를 거기에 연결시키는 것입니다. 이 세상의 것들로는 제대로 평가 불가능한 사실을 그리스도와 엮어서 얘기하는 것입니다.

이처럼 우리는 그리스도 안에서 새사람이요, 그리스도와 함께 죽고 다시 산 사람입니다. 그리스도로 말미암아 죄에 대하여 죽고 의에 대하여 산 자입니다. 우리는 이 땅에서 몇십 년 살면서 하나님의 도움과 복을 받는 정도가 아니라, 그리스도와 함께한 영원한 상속자입니다. 성경은 우리를 하늘에 올리우셔서 영광 중에 계신 분과 지금부터 함께 연합된 자로 말하면서, 그리스도가 영화롭게 되셨듯이 우리 또한 영화롭게 될 존재로 말하고 있습니다. 이처럼 성경은 우리 자신에 대해 말할 때 항상 예수 그리스도와 묶어서 말합니다. 그것은 그리스도에 관한 내용이 변할 수 없는 사실인 것처럼, 그 모든 것이 그와 연합된 우리에게도 변할 수 없는 사실이라는 것을 말해 주는 것입니다.

우리의 자아상은 성경 계시에 근거해 있는가?

그런 점에서 여러분은 자신에 대해 어떠한 이해와 반응을 갖고 있습니까? 남들이 뭐라고 하든 이 세상이 어떤 기준을 말하든 또는 자신의 처지가 어떠하든 하나님께서 그리스도 안에서 우리를 보시는 대로 그렇게 자신을 보고 있습니까? 우리가 건강한 자아상을 가지고 있는지의 여부는 죄를 해결한 그리스도 안에서 새로운 피조물이요, 새사람이 된 것과 밀접하게 관련되어 있습니다.

오늘날 예수 믿는 많은 사람들이 세상과는 별 차이도 없이 그저 열등감에 빠져서 문제만 해결해 달라고 하나님 앞에서 울부짖습니다. 결국 자기의 열등감을 충족시키려고 그런 식의 기도를 열심히 합니다. 그러나 그런 모습은 그리스도 안에서 자신의 존재 가치를 모르고, 아주 낮은 수준으로 자신을 판단하면서 열등감을 느끼는 것입니다. 또 성경이 말하는 바를 자기 편의대로 이 세상의 기호와 원함 수준으로 이해하며 열등감이 충족되는 응답을 기대하는 가운데 하나님을 찾는 것입니다.

지금 얘기하는 것은 아무 근거도 없이 말하는 것이 아닙니다. 죄로 말미암아 훼손되고 왜곡된 하나님의 형상을 가진 우리를 예수 그리스도께서 죄에서 구원하신 것에 근거해서 말하는 것입니다. 하나님은 항상 그 사실에 비추어 우리를 보십니다. 예수 그리스도 안에서 죄 사함을 받고 의롭다 함을 받은 자, 그리스도와 연합된 대상으로서 보신다는 말입니다. 그래서 우리가 우리 자신에 대해 말하려면 항상 그리스도와 연결해서 말해야 합니다. 바로 이 땅에 오셔서 죽고 부활하시고 하늘로 올리우셔서 지금도 우리를 위해 간구하시는 예수 그리스도와 연결해서 말입니다.

여러분은 혹시 자신이 그리스도 안에 있게 된 사실을 무색하게 할 정도로, 이 세상 것들에 의해 그리고 자신의 원함과 기준으로 인해 열등감에 쉽게 빠지고 있지는 않습니까? 일시적이고 지나가는 사소한 것들의 비교 속에서 열등감에 빠진 채 그리스도와 연합된 자신의 존재 가치를 아무 것도 아닌 것처럼 여기고 있지는 않느냐는 것입니다. 그것은 성령의 일을 생각하는 것이 아니고, 성령의 다스림을 따라 행하는 것도 아닙니다. 그리스도인에게 있어서 열등감은 어쩔 수 없는 것이 아닙니다. 열등감이 어떤 얼굴로 드러나든 상관없이 그것은 분명 자신과 주변 사람을 힘들게 하는 반신앙적이고 하나님의 백성답지 않은 모습입니다.

성령께서는 말씀을 통해 열등감을 느끼는 우리 마음의 기저에 있는 죄를 밝혀 주십니다. 또 그리스도 안에서 내가 어떤 자인지를 끊임없이 상기시킴으로써 그런 상태에서 벗어나도록 하십니다. 성령은 우리가 임종할 때까지 '너는 그리스도와 함께한 상속자이다. 너는 그리스도와 묶여 있으며, 너에게는 그리스도의 피가 묻어 있다. 너는 이 세상의 가치로는 말할 수 없는 존재다'라는 사실을 상기시키십니다.

성령의 비추심을 무시하지 말라!

그러나 열등감은 그런 사실들을 잊게 할 정도의 자기중심성 속에서 표출되는 것이어서, 우리는 이러한 자기중심성을 함께 생각해야 합니다. 우리 모두가 경험적으로 알다시피 열등감을 갖게 되면 자기를 지키려고 다양한 반응을 하게 됩니다. 소위 자존심을 지키려고 무던히 애를 씁니다. 가진 것이 없는데도 있는 것처럼 허세와 허영을 부리며 거짓말까지 하기도 합니다. 심지어 어떤 사람은 성경 지식까지 사용해서 자기를 정당화하기도 합니다. 그러면서 자기중심성 속에서 열등감을 드러냅니다.

그에 대해 성령 하나님은 말씀을 통해 죄악된 우리의 중심과 동기를 비추어 자기중심성 속에서 드러내는 열등감을 자각케 하심으로써 우리를 바로잡으십니다. 만일 이 사실을 자각하지 못하면 계속해서 그런 태도를 갖기 때문입니다. 그래서 하나님의 말씀을 통해 꼭 해야 할 것 중 하나는 우리 자신을 비추는 것, 곧 성화에 방해되는 죄를 비추는 것입니다. 그런데 안타깝게도 많은 사람이 하나님의 말씀을 통해 자신의 죄가 비추어지는 것을 좋아하지 않습니다. 그저 주님을 본받는 것과 같은 적극적인 내용만 말하면 되지 왜 자꾸 죄를 얘기하느냐며 죄를 비추는 것을 싫어합니다. 그러나 성령께서는 양면을 함께 비추십니다. 그것은 예수 믿는 우리의 신앙과 삶에 있어서 굉장히 중요한 것으로 우리의 성화에서 반드시 함께 가져야 할 것입니다.

만일 성령께서 말씀을 통해 열등감을 가지고 행하는 자신의 죄악된 중심을 자각하게 하실 때마다 변명하고 피한다면, 그것은 하나님을 거역하고 성령께서 새롭게 하시는 역사를 통해 기회 주시는 것을 거부하는 것입니다. 그러한 사람이 정녕 하나님의 백성이라면 하나님은 히브리서 12장의 말씀대로 징계를 통해서라도 깨닫게 하실 것입니다.

그러나 회심하지 않은 사람에게는 그런 것이 없습니다. 설사 예배당에 앉아 있어도 회심하지 않은 사람은 하나님의 말씀과 성령의 역사를 무시하며 삽니다. 아무리 모태신앙이고 교회 활동을 많이 했어도 그런 것으로 자신을 위장하는 것은 자신을 더욱 파괴하는 것이요, 마지막에는 슬퍼할 일입니다. 주님은 그러한 사람, 즉 자신이 선지자 노릇을 했고 무엇도 했다는 것으로 자신을 위장한 사람들을 도무지 알지 못한다고 말씀하셨습니다. (마 7:22-23 참조)

이런 사실들을 생각할 때 우리는 하나님의 말씀에 의해서 '나'라는 존재가 흔들려야 합니다. 그리고 현재시제로 성령의 새롭게 하심을 계속 경험해야 합니다. 그것이 계속 경험되지 않을 때 하나님은 그런 자녀들을 징계를 통해서라도 경험하게 하십니다. 히브리서 12장은 징계가 없으면 사생자라고 말합니다. 우리가 다른 아이들의 바르지 못함을 보고 혼내지 않는 것은 자기 자식이 아니기 때문인 것처럼 징계는 자기 자식이기 때문에 하는 것입니다.

우리에게는 열등감을 느끼는 것보다 더 중요한 것이 있습니다. 그것은 열등감을 비추어 더 이상 거기에 머물지 않게 하시는 성령의 역사를 따라서 잘못된 자신으로부터 돌이키는 것입니다. 설사 죄의 유혹으로 열등감에 자주 빠진다 해도 그것의 죄악됨과 파괴성을 알고 거기서 벗어나게 하시는 성령의 역사에 반응하는 것이 중요합니다. 그것이 있는 사람이 옛 사람을 벗고 지식에까지 새롭게 하심을 입은 자입니다.

성경이 예수 믿는 우리를 하나님의 형상이 회복된 새사람 또는 새 자아로 말했을 때에는 우리에게 그런 삶을 갖게 하는 것이 포함되어 있습니다. 그러므로 자신이 열등감을 느낄 때마다 성령에 의해 그것을 비정상적으로 여기며 거기에서 벗어나는 것이 있는지 확인해 보십시오. 그리스도 안에서 자신을 보며 사는 것이 있는지를 말입니다. 바로 그것이 열등감 속에 살지 않는 그리스도인의 모습이고, 그리스도인이 걸어가야 할 길입니다.

결코 방치되어서는 안 될 열등감

성령은 열등감의 교묘한 모습까지 알게 하십니다. 그래서 거기에 오래 머물지 않도록 우리 안에서 역사하십니다. 그러나 그러한 성령의 역사가 자신 안에 경험되지 않고 계속해서 열등감 속에 살고 있다면, 그는 새사람이 아니거나 오랜 영적 침체 속에서 불신앙적으로 행하고 있는 것입니다. 성령 하나님은 열등감을 그냥 심리적인 문제로 취급하면서 거기에 머물게 하지 않으십니다.

저는 누군가에 대해 많이 아는 척하면서 상대방에 대해 쉽게 말하거나 또는 사적으로 잘 아는 것처럼 얘기하면서 그를 은근히 비판하고 자신을 높이는 사람들을 봅니다. 남들이 좋아하거나 존경하는 사람에 대해 무언가 특별히 아는 것처럼 그의 단점을 지적하면서 은근히 자신을 드러내는 사람들도 보게 됩니다. 특히 유튜브나 SNS에서 유명 목회자들을 비판하면서 자신을 드러내는 사람들도 있습니다. 외적으로 보면 그것은 교만한 모습이지만, 좀 더 깊이 들어가 보면 기저에는 열등감이 자리잡고 있습니다. 그것은 단순한 감정적 문제가 아니라 죄성에 따라 그렇게 하는 것입니다. 이처럼 열등감은 상대방을 위하는 것처럼 보이지만, 실상은 교묘하게 상대를 짓누르는 방법에도 동원됩니다. 남편과 아내, 자식과 친구 사이에서 그런 식으로 행동하는 것에는 열등감이 있는 것입니다. 그래서 우리는 자신의 단점과 부족한 점을 알고 있는 사람이 있으면 그 사람과 함께 있는 것을 힘들어 하기도 합니다. 그 사람을 피하든지 아니면 그 사람이 없어지길 바랍니다. 왜 그렇게 반응할까요? 바로 열등감 때문입니다.

성령께서 바로 그 일을 하신다

새사람 된 그리스도인은 성령에 의해 열등감 속에 계속 머물지 않습니다. 그것의 죄악 됨을 깨닫고 회개합니다. 성경은 드러난 죄만 죄라고 말하지 않습니다. 마음에 음욕을 품은 것도 죄라고 말합니다. 따라서 우리는 드러난 죄의 기저에 있는 열등감이 성화에 방해가 되는 죄성에 기인한 것임을 알고 이 부분을 다루어야 합니다. 성령께서 그것을 보게 하시고 그 상태에 계속 머물지 않도록 하시는 것에 따라 반응해야 합니다.

열등감을 자각했다면 그것을 하나님 앞에 가지고 나오십시오. 그것이 하나님 앞에서 바르지 않고 건강한 자아의 모습이 아님을 알고 반응하십시오. 바로 그것이 열등감을 느끼는 것보다 더 중요한 문제입니다. 교회에서 배운 성경 지식과 뒤섞인 신앙 경험을 가지고 자신의 열등감을 방어하지 말고, 성령께서 비추는 바에 따라 반응하시길 바랍니다.

열등감은 성화의 과정에서 반드시 다루어야 할 문제입니다. 열등감을 다루지 않고는 온전한 성화가 있을 수 없습니다. 정상적인 신자는 열등감을 하나님 앞에 가지고 나와서 다룰 것입니다. 그렇게 해서 자신이 그리스도 안에서 어떤 자인지를 확고히 알고 그리스도를 붙듦으로써 열등감에 빠지지 않기를 바랄 것입니다. '내가 왜 이런 것으로 낙심하고 불만을 드러내는 거지?' '내 영혼아, 어찌하여 이렇게 반응하는가?'라고 하면서 그렇게 반응할 이유가 없음을 그리스도 안에서 보는 것입니다. 하나님이 보시는 대로 자신을 보고자 하는 것이 바로 새사람을 입은 자의 모습이요, 우리가 가져야 할 모습입니다. 성령께서 바로 그 일을 하시는 것입니다.

여러분, 예수 믿는 우리는 그리스도와 함께한 상속자임을 잊지 마십시오. 우리는 반드시 그리스도와 함께한 상속자의 결말을 보게 될 것입니다. 지금도 하나님은 우리를 사랑하는 그분의 아들로 보시고, 자신의 백성으로 칭하십니다. 그러므로 하나님이 보시는 대로 자신을 보며 사십시오. 그것이 열등감의 유혹이 찾아올 때마다 그 유혹을 이기는 길입니다. 부디 성령의 새롭게 하심을 지속적으로 입고 말씀이 비추는 바에 따라 반응함으로써 열등감 속에 머물지 않기를 바랍니다.

이 장의 요약

- 성령이 거하는 자는 열등감과 우월감을 비정상적인 것으로 여긴다.
- 예수 그리스도의 대속함 없이는 옛 사람을 벗어 버리고 새사람이 될 수 없다.
- 새사람이 된 사람이라도 성령에 의해 계속해서 새롭게 하심을 입어야만 한다.
- 성령은 열등감을 느끼는 우리 마음의 기저에 있는 죄를 밝혀 주신다.
- 성령은 그리스도 안에서 내가 어떤 자인지를 끊임없이 상기시킴으로써 열등감의 상태에서 벗어나게 하신다.
- 성령이 말씀으로 죄악된 중심을 자각하게 하실 때마다 변명하고 피한다면 성령이 새롭게 하시는 역사를 거부하는 것이다.
- 옛 사람을 벗고 새롭게 하심을 입은 자는 열등감의 죄악됨과 파괴성에서 벗어나게 하시는 성령의 역사에 반응한다.
- 새사람 된 그리스도인은 열등감 속에 머물지 않고 회개한다.

5

사랑, 열등감을 이기는 구체적인 열쇠

너희가 서로 거짓말을 하지 말라 옛 사람과 그 행위를 벗어 버리고 새사람을 입었으니 이는 자기를 창조하신 이의 형상을 따라 지식에까지 새롭게 하심을 입은 자니라 거기에는 헬라인이나 유대인이나 할례파나 무할례파나 야만인이나 스구디아인이나 종이나 자유인이 차별이 있을 수 없나니 오직 그리스도는 만유시요 만유 안에 계시니라 그러므로 너희는 하나님이 택하사 거룩하고 사랑받는 자처럼 긍휼과 자비와 겸손과 온유와 오래 참음을 옷 입고 누가 누구에게 불만이 있거든 서로 용납하여 피차 용서하되 주께서 너희를 용서하신 것 같이 너희도 그리하고 이 모든 것 위에 사랑을 더하라 …

(골 3:9-14).

하나님 형상의 회복과 건강한 자아상

앞 장에서 우리는 열등감과 관련해서 성령의 새롭게 하시는 사역에 관해 살펴보았습니다. 이 장에서는 그러한 성령의 사역과 연결해서 회복된 하나님의 형상을 가진 자의 건강한 내면 또는 건강한 자아상으로 말하는 핵심적인 내용에 대해 다루고자 합니다.

본문은 회복된 하나님의 형상을 지닌 그리스도인, 곧 새사람을 입은 자의 모습이 어떠한지를 말해 줍니다. 이것은 새사람 또는 새 자아를 가진 그리스도인이 자신에 대해 어떤 이해와 반응을 가져야 하는지를 말해 주는 것이기도 합니다. 또한 바울은 새사람이 된 그리스도인은 어느 민족이나 어느 부류의 사람이든 모두가 본문 12-14절까지 말하는 내용을 가질 수 있고 또 가져야만 한다고 말합니다.

"그러므로 너희는 하나님이 택하사 거룩하고 사랑 받는 자처럼 긍휼과 자비와 겸손과 온유와 오래 참음을 옷 입고 누가 누구에게 불만이 있거든 서로 용납하여 피차 용서하되 주께서 너희를 용서하신 것 같이 너희도 그리하고 이 모든 것 위에 사랑을 더하라"(골 3:12-14).

누군가는 이것이 열등감과 무슨 관계가 있냐고 질문할지도 모르겠습니다. 그러나 여기서 우리는 하나님의 형상이 회복되고, 그 형상이 계속해서 새로워지는 건강한 자아를 가진 새사람의 모습이 어떤 것인지를 보게 됩니다.

하나님의 자녀된 자의 자아 경험

물론 세상은 주로 자존감이 높은지 여부를 가지고 그 사람의 자아가 건강한지 여부를 판단합니다. 그러나 거기에는 죄가 고려되지 않습니다. 한편 거기에는 자신을 관리하면서 위선하는 모습이 있기 때문에 그러한 판단을 정확하다거나 바르다고 볼 수 없습니다.

본문은 죄 사함을 받아 죄가 해결된 자, 그리스도와 연합한 자, 하나님의 자녀 된 자로서 건강한 자아를 갖고 그것을 지속적으로 유지하는 모습과 증거가 무엇인지를 말해 줍니다. 여기서 그리스도인을 옛 사람을 벗어 버리고 새사람을 입은 자로 말하면서도 또한 자기를 창조하신 이의 형상을 따라 지식에까지 새롭게 하심을 입은 자로 말하는 것은 달리 말하면 새사람 또는 새로운 자아를 가지고 계속해서 새롭게 하심을 입는다는 것을 말합니다. 그리스도인의 건강한 자아상은 바로 그러한 경험 속에서 나오고 유지된다는 것을 말해 주는 것입니다. 물론 그러한 모습에 대한 증거는 하나님과 다른 사람과의 관계뿐만 아니라, 자기 자신과의 관계에서도 회복을 갖고 살아가는 모습으로 나타날 것입니다.

여기서 우리가 주목해야 할 내용은 우리 자신 안에 생긴 변화로서 새 자아를 갖고 행하는 것입니다. 바울은 본문에서 새사람 된 자, 하나님의 형상이 회복되어 새 자아를 가진 그리스도인이 지속적으로 건강한 모습을 갖는 것을 성령에 의해 계속해서 새롭게 하심을 입는 것으로 말하고 있습니다. 그런 사실 속에서 건강한 신자의 모습이 무엇인지 본문은 12절 이하에서 다루고 있습니다. 우리는 그것을 새사람 된 그리스도인이 가진 건강한 자아의 모습이라고 말할 수 있습니다.

그렇다면 '나는 그리스도와 연합한 자야. 나는 그리스도와 함께한 상속자이고 구원받은 자야'라고 자신에게 되뇌는 것만으로 건강한 자아를 가졌다고 말할 수 있을까요? 물론 신자가 되었음에도 그런 사실조차 망각하며 사는 일이 있습니다. 그래서 성령이 말씀하시는 바를 따라 자신이 어떤 자인지를 확인하는 일은 필요합니다. 그러나 본문은 건강한 자아를 가졌다는 증거를 우리의 내면이 우리의 삶 속에서 구체적으로 어떻게 드러나는지와 연결해서 말합니다. 우리가 유념해야 할 사실은 바로 이것입니다. 즉 본문 12절 이하의 다양한 내용을 하나님 형상의 회복과 연결해서 말한다는 사실입니다.

많은 사람이 본문 12절 이하의 내용을 예수 믿는 우리가 행해야 할 것, 다시 말해 삶의 적용에 관한 내용이라고 생각합니다. 그러나 우리는 이 내용을 본문 9-10절에서 말한 내용과 연결해서 보아야 합니다. 분명 본문 12절 이하의 내용은 그리스도인이 삶으로 가져야 할 적용적인 내용입니다. 그러나 바울은 이러한 내용을 새 사람 된 우리의 내적 조건과 삶으로 말하고 있음을 기억해야 합니다. 단순히 우리의 삶으로만 말하지 않고, 훼손되고 왜곡된 하나님의 형상이 회복된 모습과 반응으로 말하고 있다는 것입니다.

사랑, 사랑의 회복

그러한 사실을 염두에 두고 보면 12절 이하의 내용은 사랑으로 감싸져 있음을 알 수 있습니다. 예를 들어 "하나님의 사랑을 받는 자"(12절), "이 모든 것 위에 사랑을 더하라"(14절)와 같은 표현이 바로 그것입니다. 그리고 그러한 내용 사이에 긍휼과 자비와 겸손과 온유와 오래 참음과 서로 용납하여 용서하는 것이 언급되어 있습니다.

실제로 14절은 "이 모든 것 위에 사랑을 더하라"라고 말한 뒤에 "이는 온전하게 매는 띠"라고 말하고 있습니다. 여기서 우리는 하나님의 형상이 회복된 자의 모습을 그 무엇보다도 사랑의 회복으로 말하고 있다는 사실에 주목해야 합니다. 이것은 우리에게 굉장히 중요한 사실로서, 우리가 거부할 수 없는 사실이요, 깊이 수용해야 할 사실입니다.

타락하기 전 인간은 온전한 하나님의 형상을 가지고 하나님과 다른 사람, 다른 피조 세계를 사랑했습니다. 거기에는 아무런 막힘이 없었습니다. 그러나 죄로 인해 하나님의 형상이 훼손되고 왜곡된 뒤로는 그러한 사랑이 깨지고 왜곡되었습니다. 그런데 본문은 하나님의 형상이 회복된 모습과 내용을 다양하게 말하는 가운데 그렇게 깨어지고 왜곡되었던 사랑의 회복을 핵심적으로 말하고 있는 것입니다. 다시 말해 우리가 하나님과의 관계 속에서 사랑을 알고, 하나님과 다른 사람을 향해 타락하기 전과 같은 사랑을 다시 품고 드러내는 것으로 말한다는 것입니다. 이것이 바로 하나님 형상의 회복 속에 있는 중요하고 핵심적인 내용입니다. 이 사실을 간파한 앤서니 후크마는 다음과 같이 말했습니다.

"하나님 형상의 핵심에 있어야 하는 것은 추론하는 능력이나 결정을 내리는 능력 같은 특성이 아니라 하나님을 향한 사랑과 인간을 향한 사랑이다 … 하나님 형상의 핵심은 사랑임이 분명하다."[11]

그렇습니다. 처음과 끝을 사랑으로 감싸며 말한 본문의 내용은 모두 사랑이 없으면 할 수 없는 것들입니다. 그야말로 사랑을 앎으로써 갖는 것들입니다.

사랑 안에서만

이런 내용을 더 풍성하게 말해 주는 고린도전서 13장은 그리스도인의 모든 미덕을 사랑으로 묶고 있습니다. [12] 사랑이 없이는 이 모든 것들이 아무 유익이 없다고 말함으로써 사랑 안에서만 의미 있는 것으로 말합니다. 주님도 모든 율법과 선지자의 강령은 하나님을 사랑하고 이웃을 사랑하는 것으로 요약된다고 말씀하셨습니다.(마 22:37-40 참조) 바로 그런 사랑의 회복을 바울은 본문에서 하나님의 형상이 회복되어 새롭게 하심을 입은 자의 증거요, 새사람의 모습이며, 결국 건강한 자아를 드러내는 표지로 말한 것입니다.

예수를 믿는 자는 반드시 이 사실을 알아야 합니다. 자기중심적으로 교회를 다니면서 자신이 얻고 싶은 것만 얻다가 나중에 천국 갈 것이라고 생각하면서 예수를 믿어서는 안 됩니다. 그것은 아무리 기독교 용어를 사용해 봐도 기독교의 모습이 아닙니다.

예수 믿는 자에게는 새사람 된 모습이 있습니다. 그리고 새사람은 계속해서 그 형상의 새롭게 하심을 입어야 합니다. 또한 모든 그리스도인에게는 새사람을 입은 자에게 있는 중요한 표지인 사랑의 회복이 있습니다. 그것이 풍성히 드러나는 것이 바로 건강한 자아를 가지고 있다는 증거입니다.

물론 우리의 인격은 쉽게 바뀌지 않습니다. 그래서 이러한 증거가 더디게 나타날 수도 있습니다. 그러나 분명한 것은 자기도 알지 못했던 세계가 열리게 되는데, 그것이 바로 사랑의 회복이라는 것입니다. 그러므로 우리는 이러한 사랑의 회복이 자신에게 있는지 그리고 그 회복된 사랑이 드러나고 있는지 확인해 보아야 합니다. 그것이 예수 믿는 자의 내면이 건강한지를 그대로 말해 주는 것이기 때문입니다.

사랑을 알고 이 모든 것 위에 사랑을 더하는 것은 우리의 신앙과 삶 그리고 영적인 성숙도를 말해 주는 것이기도 하지만, 그와 동시에 우리의 내면이 건강한 자아를 가졌는지의 여부도 말해 주는 것입니다. 이런 시각에서 자신과 주변 사람을 한번 보십시오. 사랑을 알고 그 사랑을 드러내는 사람은 분명 내면의 건강함, 건강한 자아를 가지고 있다고 말할 수 있습니다.

물론 그것은 단순히 행위적인 차원에서 구제하고 봉사하는 것만 두고 말하는 것은 아닙니다. 결과적으로는 그런 행위가 포함될 수 있지만, 그 모든 것을 행하게 하는 사랑을 말하고 있다는 사실을 잊어서는 안 됩니다. 우리는 사랑이 없이도 얼마든지 구제하고 봉사할 수 있습니다. 그리고 그러한 행위를 공로로 여기기도 합니다. 심지어 율법주의적인 신앙생활 속에서, 구원받기 위해 그런 행위와 활동을 하는 경우도 있습니다. 사랑해야만 한다는 논리를 가지고 봉사와 구제를 하는 것입니다. 그러면서도 자기를 위해 그 같은 일을 하기도 합니다. 그렇기 때문에 우리는 사랑 없이도 얼마든지 자선적인 활동을 할 수 있는 것입니다. 그러므로 중요한 것은 실제로 그 모든 행위의 이면에 사랑이 있느냐 하는 것입니다. 즉 하나님 안에서 사랑을 알고, 그 사랑을 드러내느냐 하는 것입니다.

하나님으로부터 사랑받음이 먼저다

본문은 새사람 된 자의 사랑이 어디에서 출발했으며, 그 사랑이 새사람 된 자에게는 반드시 드러난다는 사실을 말해 줍니다. 새사람이 되고, 새 자아를 가진 그리스도인의 사랑의 회복은 먼저 하나님으로부터 사랑을 받음으로써 일어나게 됩니다. 그것이 바로 12절에서 말한 "사랑받는 자처럼"이라는 표현에 담겨 있습니다. 바울은 에베소서 4장 24절에서도 새사람을 입으라고 말한 뒤에 5장으로 연결해서 이렇게 말합니다.

"그러므로 사랑을 받는 자녀 같이 너희는 하나님을 본받는 자가 되고 그리스도께서 너희를 사랑하신 것 같이 너희도 사랑 가운데서 행하라"(엡 5:1-2).

성경이 예수 믿는 우리에게 사랑을 알고 행하는 문제를 말할 때 제일 먼저 말하는 것은 '사랑하라!'는 말이 아닙니다. 하나님이 먼저 우리를 사랑하셨다는 사실, 바꾸어 말하면 우리가 하나님으로부터 사랑을 받은 자라는 것을 먼저 말씀합니다. 에베소서 말씀처럼 "사랑을 받는 자녀"인 것과 "그리스도께서 너희를 사랑하신 것"을 먼저 말씀합니다. 이것은 하나님께서 그리스도 안에서 우리를 끝없이 사랑하는 자녀로 대하신다는 사실을 말해 줍니다. 바로 이것이 우리가 사랑을 알고 갖게 되는 출발점입니다. 사도 요한은 요한일서 3장에서 이렇게 말했습니다.

"그가 우리를 위하여 목숨을 버리셨으니 우리가 이로써 사랑을 알고 …" (요일 3:16).

그가 우리를 위해 목숨을 내어 주시기까지 사랑하신 것을 통해 우리가 사랑을 알게 되었다는 말입니다. 그러면서 4장 19절에서는 이렇게 말합니다.

"우리가 사랑함은 그가 먼저 우리를 사랑하셨음이라"(요일 4:19).

그가 먼저 우리를 사랑하심으로 우리가 사랑을 알고, 또 할 수 있게 되었다는 말입니다.
성경은 모든 인간이 가진 본능적이고 육욕적인 사랑을 사랑이라고 말하지 않습니다. 그러한 사랑은 예수를 안 믿어도 다 하는 것입니다. 성경은 그러한 사랑이 아니라, 고린도전서 13장이나 골로새서 본문이 말하는 사랑을 말합니다. 또 요한일서에서 말하는 것과 같이 그리스도께서 자신의 생명을 내어 주시는 사랑을 알고, 그 사랑을 따라 반응하는 사랑을 말합니다. 그런 사랑의 회복이 새사람 된 그리스도인들에게 있다는 것을 본문은 하나님의 사랑을 받는 것으로 말하고 있습니다. 에베소서는 그것을 그리스도께서 우리를 사랑하시고 우리가 하나님의 사랑을 받는 것으로 말합니다.

자기중심적 사랑을 넘어 참사랑에 눈뜨다

우리가 이러한 사랑을 몰랐을 때는 타락한 조건에서 가진 이기적이고 자기중심적인 사랑이 전부였습니다. 설사 희생적인 사랑을 말한다 해도 그것은 하나님과 무관한 것이었습니다. 죄에서 구속함이 없는 그런 사랑이었기 때문입니다.

그러나 새사람이 된 그리스도인은 자신을 위해 생명을 내어 주신 그리스도의 사랑 안에서 또 그리스도 안에서 우리를 사랑하시는 하나님 아버지의 사랑을 통해서 이러한 사랑에 눈을 뜨게 됩니다. 자신이 받았고, 또 지금도 받고 있는 그 사랑을 통해 하나님과 그리스도를 본받아 하나님과 다른 사람을 향한 사랑의 꿈틀거림을 드러냅니다. 바로 그런 모습을 본문은 새사람, 새 자아를 가진 그리스도인의 모습으로 말하고 있습니다. 따라서 우리가 그러한 사랑을 드러내고 있다면 그것은 새 자아를 가지고 있다는 증거요, 또한 그것이 바로 새 자아의 건강한 모습입니다. 그러므로 하나님과의 관계 속에서 사랑을 알고 또 자신이 하나님의 사랑을 받는 자임을 알아서 하나님과 다른 사람을 사랑하는지를 보면 자신이 건강한 자아를 가지고 있는지 여부를 확인할 수 있습니다.

하나님의 사랑을 받은 그리스도인은 분명 이 부분에서 이전과는 다른 모습을 보입니다. 자신이 하나님의 사랑을 받은 자녀요, 그리스도 안에 있는 하나님의 사랑에서 끊을 수 없는 자라는 것을 알았기 때문입니다. 그래서 하나님을 사랑하는 일이 있게 되고, 다른 사람을 사랑하는 일도 새롭게 있게 되는 것입니다. 그것을 우리는 그리스도의 몸인 교회 안에서 먼저 경험하고 실천합니다.

우리가 예수 믿기 전에는 교회의 지체를 사랑하고, 그들의 영혼을 위해 눈물 흘리며 애쓰는 마음이 없었습니다. 그러나 예수를 믿음으로 우리에게는 이러한 모습이 회복됩니다. 이것이 바로 사랑의 회복입니다. 그리고 그러한 모습이 풍성한 사람이 건강한 자아를 지닌 사람입니다.

열등감을 이기는 확실한 열쇠

우리는 과거에 거칠고 모가 나고 공격적인 내면을 드러냈던 사람들이 새사람이 되어 교회 안에서 함께 지내며 사랑의 회복 속에서 자라가는 모습을 보며 경험합니다. 또한 아직 회심하지 않아 자신을 감추며 예배만 드리고 살짝 빠져나가는 사람, 하나님의 말씀에 반발하며 자신을 방어하는 사람 등 건강한 자아를 엿볼 수 없었던 사람들이 회심하여 그렇게 바뀌는 것도 봅니다. 자신이 하나님의 사랑을 받는 자라는 사실을 점점 더 알아가면서 하나님과 다른 사람을 사랑하는 일을 나타내며 새 자아의 건강함을 갖고 드러내는 것입니다.

이처럼 우리는 어떻게 저 사람이 다른 사람을 섬기면서 사랑할 수 있을까 생각했던 사람들이 바뀌는 모습을 봅니다. 이러한 모습이 바로 그 사람에게 있는 새사람 된 자의 건강한 모습이요, 열등감에서 벗어나게 하는 성령의 새롭게 하시는 내용입니다. 사랑으로써 말입니다. 그래서 성령은 열등감을 이기는 구체적인 열쇠로 우리에게 사랑을 드러내시는 것입니다. 성경도 열등감을 이기는 확실한 열쇠가 사랑이라는 사실을 가장 핵심적인 내용으로 말합니다.

저는 지금까지 자신이 하나님의 사랑을 받는 자임을 알고, 그 사랑 안에서 행하는 사람들은 열등감에 쉽게 빠지지 않는 것을 많이 봐 왔습니다. 사랑을 아는 자, 사랑으로 충만한 자는 확실히 열등감에 쉽게 빠지거나 흔들리지 않습니다. 물론 열등감을 느끼게 할 상황과 유혹은 이 땅을 사는 동안은 언제나 있을 수 있습니다. 우리는 끝없이 교만할 수 있는 조건에서 옳고 그름을 판단하면서 내면의 굴절된 모습을 우월감과 열등감으로 드러내는 일을 수없이 하기도 합니다. 또 우리는 자신을 다른 사람과 비교하면서 열등감을 느낄 유혹을 얼마든지 받을 수 있습니다.

그러나 사랑을 아는 자, 곧 자신이 어떤 사랑을 받는지를 알고 그것을 기억하며 사는 자는 그 사랑으로 열등감을 이기게 됩니다. 열등감에 빠질 여지를 쉽게 주지 않습니다. 이 모든 것 위에 사랑을 더하여 상황과 대상을 바라보기 때문에 열등감이 끼어들 수 없는 것입니다. 그래서 사랑을 알고, 그 사랑 안에서 행하는 자는 열등감을 느끼지 않기에 건강한 자아를 가진 사람이라고 말할 수 있습니다. 이것이 바로 예수 믿는 우리의 경험 속에 있는 비밀입니다.

우리는 자신이 어떠한 사랑을 받고 있는지 앎으로써 또 성령께서 우리의 새사람 된 자아를 계속 새롭게 하심으로써 열등감을 이기게 하십니다. 이것이 바로 열등감을 이기는 열쇠입니다. 하나님께 받는 사랑이 크다는 것을 알면 알수록, 그래서 자신 안에서 그 사랑이 풍성해지면 풍성해질수록, 그리하여 그 사랑이 자신을 통해 더 풍성히 나타나면 나타날수록 우리 안에 열등감은 설 자리가 없어집니다.

모든 사람이 겉으로 보기엔 비슷해 보여도 인간의 내면은 정말 복잡합니다. 그래서 이러한 인간의 마음 하나를 연구하는 종교가 지금까지 끝도 없이 나왔고, 지금도 마음과 관련해서 의학과 심리학이 발달하고 있습니다. 그런데 이처럼 복잡한 인격과 마음을 가진 '나'라는 존재는 사랑으로 풍성해지면 풍성해질수록 열등감과 같은 부정적인 것과 죄악된 것이 끼어들 자리가 없어지게 됩니다.

사랑을 아는 자, 그 사랑이 풍성한 자에게는 열등감으로 인한 파괴, 곧 자신을 힘들게 하고 다른 사람까지 힘들게 하는 일이 쉽게 일어나지 않는다는 것입니다. 우리는 이 놀라운 사실을 알아야 합니다.

사랑 때문에, 사랑으로 싸우라

사랑은 기독교에서 쉽게 하는 말이지만, 우리가 가장 진중하면서도 어렵게 말해야 할 내용입니다. 사실 이 부분에 있어서 만큼은 누구도 자신 있게 말할 수 있는 사람은 없습니다. 사랑, 겸손, 온유와 같이 그리스도 안에서 갖는 내용에 대해 우리는 늘 많은 결핍감을 느낍니다.

그러나 성경은 사랑을 우리가 먼저 하는 것으로 말하지 않습니다. 성경은 우리가 받은 사랑을 먼저 말합니다. 그렇습니다. 우리는 너무나 큰 사랑을 받았습니다. 하나님의 아들의 생명을 내어 주시는 그런 사랑을 받은 사람이 바로 우리 그리스도인입니다. 뿐만 아니라 지금도 하나님이 사랑하는 자녀요, 그리스도의 사랑에서 끊을 수 없는 사랑을 받는 자라고 성경은 말합니다. 우리가 이러한 사실로부터 시작해서 그 사랑에 대한 반응으로 모든 것 위에 사랑을 더할 때, 그리하여 그 사랑이 나에게 실제로 풍성해질 때 우리는 우리 자신에 대한 부정적인 것에 빠지지 않습니다. 실제로 가정 안에서 제대로 사랑받고 자란 자녀들이 자기 자신에 대해 덜 왜곡된 모습을 갖는 것처럼 하나님과 우리의 관계도 똑같습니다.

우리는 일평생 열등감과 싸워야 합니다. 열등감으로 인해 자신과 다른 사람을 힘들게 하는 부정적인 도구가 될 수 있기 때문입니다. 그러나 앞서 말했던 것처럼 예수 믿는 우리는 더 이상 열등감에 빠질 이유가 없다는 것을 잊지 말아야 합니다. 우리는 그리스도의 구속과 성령의 새롭게 하심을 계속해서 입을 것이기 때문입니다.

뿐만 아니라 우리는 사랑이 회복되어 그 사랑을 알고 소유하여 실제로 사랑할 수 있기 때문에 열등감에 빠져 살 이유가 없습니다. 회복된 사랑을 실천하는 것은 열등감에 빠지지 않게 할 뿐만 아니라, 그것을 이길 수 있는 최고의 무기입니다. 사랑의 회복과 풍성함이야말로 열등감을 이길 수 있는 최고의 열쇠라는 말입니다.

하지만 그러한 사랑을 알지 못하고 또 실천적으로 갖지 않을 때는 여러 가지 부정적인 것들이 내 안에 생겨나 그것이 나를 통해 드러나게 됩니다. 그래서 회복된 사랑을 실천적으로 갖지 않는 사람은 열등감에 쉽게 빠지게 되는 것입니다. 이것은 우리 자신과 다른 사람에게서도 쉽게 확인해 볼 수 있는 사실입니다.

사랑의 결핍과 열등감

혹시 열등감과 사랑이 별 관계가 없다고 생각하는 사람이 있습니까? 그렇지 않습니다. 열등감과 사랑은 깊은 관계가 있습니다.

왜 그럴까요? 사랑을 알지 못하거나 사랑받는 것을 모르는 사람은 자기 자신에 대해 불만이 있기 때문입니다. 자신을 부정적으로 보기 때문에 자연스럽게 열등감을 가질 수밖에 없습니다. 그는 다른 사람과의 관계나 자신의 삶의 조건에 대해서도 불만을 드러냅니다. 열등감 속에서 말입니다.

또한 사랑을 모르거나 사랑이 없으면 오래 참음이나 온유함이 드러나지 않고 오히려 교만하게 행하면서 그것과 깊이 연결된 열등감을 노출하게 됩니다. 이런 부분에서 자신 안에 사랑의 회복과 나타남이 있는지를 확인해 보십시오. 그러면 사랑과는 전혀 관계가 없어 보였던 열등감이, 내가 사랑을 알고 행하는 것과 밀접하게 관련되어 있음을 확인할 수 있을 것입니다. 만일 자신이 어떠한지를 잘 보지 못한다면 주변에 있는 사람이라도 한번 보십시오. 정도의 차이는 있겠지만 그것이 사실임을 확인할 수 있을 것입니다.

우리는 열등감으로 인해 신앙까지 저버릴 만큼 나락으로 깊이 빠지는 사람들을 보기도 합니다. 그러한 경험 세계 속에서 우리가 건강한 자아를 가진 그리스도인으로 살기 위해서는 자신이 받은 사랑과 지금 받고 있는 사랑을 기억하면서 모든 것 위에 사랑을 더해야 합니다. 그리스도께서 자신을 내어 주신 사랑을 따라서 말입니다. 그런 삶이 자신의 일상이 될 때 열등감은 끼어들 자리가 없습니다. 그러므로 우리 모두 그러한 삶을 살 수 있기를 바랍니다. 열등감의 유혹이 끝없이 다가올 앞으로의 삶 속에서 말입니다. 우리는 사랑으로 우리를 풍성하게 채워 주시는 성령의 새롭게 하심을 지속적으로 입을 때 건강한 자아를 가진 신자로 살 수 있을 것입니다.

교회가 우리가 받은 사랑을 풍성하게 드러내는 장(場)이 되게 하라

제가 열등감에 관한 설교를 했을 때 많은 사람이 자신은 열등감에 대해 자각하지도 못하고 살아 왔다고 말했습니다. 이처럼 우리는 예수를 믿으면서도 열등감이 죄성과 연관된 지도 모른 채 또 그것이 다른 사람에게 어떻게 해가 되는지도 생각하지 못한 채 살았습니다. 그냥 감정적으로 싫다고 느낀 것이 전부였고, 내 생각이 그랬다는 식으로 문제를 인식하지 못하고 지나갔습니다. 그러나 거기에는 열등감이 깊이 관련되어 있습니다. 열등감은 그냥 내버려 둘 문제가 아니라 반드시 다루어야 할 문제입니다.

여러분, 그리스도께서 십자가에서 대속하심으로 우리를 어떤 자로 바꾸셨는지 그리고 십자가에서 어떤 사랑을 나타내셨으며 지금도 우리를 어떻게 사랑하시는지를 생각하십시오. 그리하여 자신이 그런 사랑을 받은 자임을 아는 것으로부터 시작해서 그 사랑을 드러내시길 바랍니다.

그 사랑을 드러내는 첫 번째 실천의 장은 교회입니다. 우리는 그러한 사랑의 실천을 교회에서 먼저 경험해야 합니다. 성경이 말하는 사랑을 교회에서부터 경험하고 드러내지 못하는 사람은 밖에서도 드러내지 못합니다. 만일 교회에서는 경험하지 못하면서 밖에서 드러낸다면 그것은 위선입니다. 그것은 사람에게 잘 보이고 인정받으려는 것이기 때문에 진정성이 없습니다. 더욱이 교회 안에서 참된 사랑의 실천이 없는 사람은 사랑의 회복 또한 더디게 나타납니다.

예수 믿는 우리가 그리스도 안에서 받은 복은 한없이 큽니다. 그런데 그런 복을 받고도 열등감으로 인해 자신이 받은 그 무한한 사랑을 어떤 식으로든 드러내지 않거나 그것을 오히려 막고 방해하는 것은 결코 하나님의 사랑을 받은 자의 모습일 수 없습니다.

그러므로 우리가 받은 한없이 큰 사랑, 그 사랑을 표현하며 드러내십시오. 그것이 우리가 열등감에 빠지지 않고 건강한 자아를 가지고 사는 한 길이며, 삶의 경험입니다. 이런 사랑과 복을 풍성히 드러냄으로써 자신에게는 영적인 성숙과 성화가 있을 뿐만 아니라, 다른 사람까지 세우는 일이 우리 모두에게 있기를 소망합니다.

이 장의 요약

- 골로새서 3장은 하나님의 형상이 회복된 자의 모습을 사랑의 회복으로 말하고 있다.
- 회복된 사랑이 풍성히 드러나는 것이 건강한 자아를 가지고 있다는 증거이다.
- 새사람이 된 그리스도인의 사랑의 회복은 먼저 하나님으로부터 사랑을 받음으로써 일어난다.
- 성령은 열등감을 이기는 구체적인 열쇠로 우리에게 사랑을 드러내신다.
- 사랑을 알고 그 사랑으로 충만한 자는 열등감에 쉽게 빠지거나 흔들리지 않는다.
- 그러나 회복된 사랑을 실천적으로 갖지 않을 때 우리는 열등감에 쉽게 빠지게 된다.
- 우리가 받은 십자가의 사랑을 실천하는 첫 번째 장은 교회이다.

6

우리가 겸손하면
하나님이 높이신다

그러므로 너희는 하나님이 택하사 거룩하고 사랑받는 자처럼 긍휼과 자비와 겸손과 온유와 오래 참음을 옷 입고

(골 3:12).

열등감을 자각하고 극복하는 참되고 유일한 길

예수 믿기 전에는 우리가 영적으로 어떤 조건에 있고, 내 존재의 정확한 실체와 궁극적인 운명이 어떠한지를 알지 못합니다. 그저 이 세상에서 구분하는 외적인 기준들이 전부입니다. 사회적 지위나 출신 성분 또는 소유나 실력의 유무, 성장 과정과 삶의 환경, 외모 등으로 자신을 보고 판단합니다. 그러나 예수를 믿고 나면 자신의 실체를 알게 됩니다. 그야말로 객관적인 기준과 영원한 사실에 따라 자신을 볼 수 있게 됩니다. 죄악된 본성을 따라 살다가 결국 죽음과 심판에 이르러야만 하는 타락한 죄인임을 알게 되는 것입니다.

뿐만 아니라 열등감이 왜 있는 것인지도 알게 되고, 그 파괴성까지 객관적으로 볼 수 있게 됩니다. 예수 믿기 전에는 자신의 열등감으로 인해 자신과 다른 사람을 힘들게 하고 파괴하는 모습을 드러내어도, 누구나 자연스럽게 갖는 일종의 심리 현상 정도로만 여길 뿐, 그것을 객관적으로 보지 못합니다. 열등감이 타락으로 인해 훼손된 하나님의 형상을 가진 인간의 내면에서 나온다는 것은 예수 믿고 나서야 비로소 알게 되는 사실입니다. 그래서 예수 믿는 자는 열등감이 죄성을 따라 행한 것임을 자각하고 다르게 반응할 수 있게 되는 것입니다.

이러한 열등감에 대한 자각과 반응은 저절로 가질 수 있는 것은 아닙니다. 그런 사람은 아무도 없습니다. 이러한 자각과 반응은 예수 그리스도를 믿어 새로운 피조물이 되어야만 가능합니다. 또한 성령의 지속적인 새롭게 하심이 있어야만 지속적인 열등감의 유혹을 분별하여 이길 수 있습니다. 왜냐하면 열등감이 별것 아닌 것처럼 보여도, 실상은 그 근원이 죄이기 때문입니다. 열등감은 죄로 말미암아 굴절된 하나님의 형상, 곧 그러한 내적 조건에서 죄성에 이끌려 갖는 것입니다. 그 때문에 그리스도 안에서 죄가 해결되어야 할 뿐만 아니라, 그러한 죄의 유혹을 이기게 하는 성령의 역사가 반드시 있어야만 합니다. 그것 없이 열등감을 자각하며 이기는 일은 사실상 불가능합니다. 스스로 심리를 조절할 수 있을진 몰라도 실제로 열등감을 극복하지는 못합니다.

사랑과 함께

우리는 바로 앞 장에서 열등감을 느끼는 인간의 내적 조건이 회복되는 일은 사랑의 회복으로 나타난다는 사실을 살펴보았습니다. 이것은 사실 너무나도 경이로운 진리입니다. 특히 그 사실이 예수 믿는 내 안에서 성취되어 드러난다는 것에 대해 저는 감사한 마음이 크게 일어나기도 했습니다.

하나님의 형상을 지닌 인간을 하나님과 다른 사람 그리고 자연 세계와 연결하는 것 중 가장 핵심적인 것은 사랑입니다. 그러나 타락으로 인해 그러한 관계 속에서 가졌던 사랑은 깨지고 왜곡되었습니다. 이 때문에 우리는 하나님과 다른 사람, 자연 세계와의 관계에서뿐만 아니라, 심지어 자신과의 관계에 대해서도 굴절된 사랑을 드러내게 된 것입니다. 그런 조건에서 열등감을 느끼고 드러내는 일도 수반되었습니다. 자신에 대해 부끄러워하여 숨으면서도 자신을 기준으로 보고 말하고 행동하는 반응이 있게 된 것입니다. 그것은 모두 타락 전에 인간이 가졌던 사랑이 상실되고 왜곡되어 나타난 모습들입니다.

그런데 그런 조건에서 예수 그리스도를 믿어 하나님의 형상이 회복될 때 인간에게는 많은 변화가 생겨납니다. 근본적인 변화로부터 시작해서 지속적으로 변화되는 것 중에서도 가장 중요한 것이 바로 사랑의 회복입니다. 바울은 그러한 사실을 골로새서를 통해 밝혀 주면서 사랑을 열등감에 대한 실천적인 대답으로 말한 것은 정말 놀라운 사실이 아닐 수 없습니다.

우리는 책이나 드라마 또는 살아오면서 터득하고 축적된 경험 속에서 사랑에 대한 개념을 갖습니다. 그러나 그것은 오히려 성경이 말하는 사랑을 이해하는 데 장애가 되거나 온전한 이해에 미치지 못하게 방해하는 면이 있습니다. 성경이 열등감에 대한 실천적인 해답으로 말하는 사랑은 우리가 선입견으로 갖고 있는 세상 속 사랑의 개념과는 분명히 다르다는 것을 주지할 필요가 있습니다.

사랑이 더해진 겸손

이 장에서 우리는 본문이 말하는 또 한 가지의 신앙 덕목과 열등감을 연결해서 살피려고 합니다. 본문에서 바울이 회복된 하나님의 형상을 가진 그리스도인에게 생긴 사랑의 회복과 함께 말하는 것이 있는데, 그것이 바로 겸손입니다. 하나님의 형상이 훼손되었던 최초의 타락과 연결해서 생각해 볼 때 이것은 굉장히 중요한 내용입니다. 이것은 또한 열등감에 대한 또 다른 대답이 되기도 합니다.

본문은 사랑으로 시작해 사랑으로 마무리하면서 우리가 갖고 드러낼 내용으로 "긍휼과 자비와 겸손과 온유와 오래 참음을 옷 입고 누가 누구에게 불만이 있거든 서로 용납하여 피차 용서하되 …" (골 3:12-13)라고 말합니다. 저는 여기서 사랑이 더해진 겸손이 열등감을 이기는 데 중요한 내용이라고 생각합니다. 이미 앞에서 말했던 것처럼 교만 속에서 갖는 우월감은 결국 열등감으로 연결됩니다. 그런 면에서 겸손은 사랑과 함께 우월감과 열등감을 넘어서고 이기는 구체적이면서도 적용적인 신앙 덕목입니다.

교만은 자기 자신을 옳고 그름을 규정할 수 있는 존재로 여기면서, 그렇게 판단하고 행동하는 것입니다. 그러면서 자기를 내세우며 높이는 것입니다. 결국 다른 대상보다 자신이 우월해지려고 하는 것이 교만입니다. 최초의 인간은 사탄의 미혹을 받아 그런 교만이 내포된 죄를 지었던 것입니다. 본문은 바로 그러한 교만에 대응되는 겸손을 말하면서, 그것을 하나님의 형상이 회복된 자, 곧 새 사람이 된 그리스도인의 모습과 삶으로 말하고 있습니다. 사랑의 회복 속에서 말입니다.

놀랍게도 성경은 하나님께 돌아온 인간, 죄에서 구원받은 인간, 하나님의 형상이 회복된 인간을 말하면서 겸손을 중요하게 말하고 있습니다. 그래서 에베소서 4장은 그리스도인의 삶을 적용적으로 말하면서 본문이 말하는 것과 같은 내용을 말하는 가운데 겸손을 포함하고 있습니다.

"모든 겸손과 온유로 하고 오래 참음으로 사랑 가운데서 서로 용납하고"(엡 4:2).

바울은 또한 빌립보교회 성도들에게도 오직 겸손한 마음으로 각각 자기보다 남을 낮게 여기라고 말하면서(빌 2:3 참고) 자신을 낮추어 우리를 섬기신 예수 그리스도를 언급합니다.

사도 베드로 역시 "마지막으로 말하노니 너희가 다 마음을 같이 하여 동정하며 형제를 사랑하며 불쌍히 여기며 겸손하며"(벧전 3:8)라고 말했습니다. 이처럼 교만은 타락한 자의 본성이자 하나님을 거스르는 구체적인 죄인데 반하여, 겸손은 하나님께 돌아온 자, 하나님을 알고 믿는 자들이 반드시 가져야 할 내용으로 성경에서 빈번하게 언급되고 있습니다.

우리를 지으신 하나님을 인식함으로

그러면 하나님 형상의 회복 속에서 갖게 되는 겸손은 구체적으로 무엇을 말할까요? 그것은 이 세상에서 흔히 말하는 겸손과는 다른 것입니다. 세상 철학과 사상, 여러 종교에도 겸손에 해당하는 덕목들은 있습니다. 그러나 성경은 그것과는 분명히 구분되는 겸손을 말합니다.

성경은 겸손을 기본적으로 하나님에 대한 인식과 그분 앞에서 자신을 보면서 드러내는 반응으로 말합니다. 성경이 말하는 겸손에는 그 사실이 전제되어 있습니다. 그런 의미에서 타락하기 전 인간은 기본적으로 겸손을 갖고 있었습니다. 본문에서도 겸손은 내 안에서 스스로 길어내는 덕목이나 도덕적인 함양을 말하는 것이 아니라, 하나님의 사랑을 받은 자가 사랑의 회복을 통해 소유하고 드러내는 것으로 말합니다.

앤드류 머레이(A. Murray)는 『겸손』에서 우리가 겸손할 이유를 세 가지로 말하는데, 그중에 첫 번째가 우리는 피조물이기 때문이라는 것입니다. 두 번째는 우리가 죄인이기 때문이며, 세 번째는 성도이기 때문이라고 말합니다.[13] 그러면서 책의 많은 부분에서 첫 번째 이유에 대해 설명하고 있습니다. 그는 우리가 하나님의 피조물인 것을 인식하는 것이야말로 겸손과 관련해 가장 기본적이면서도 중요한 내용이라고 말합니다. 즉 겸손은 우리를 지으신 하나님을 인식하는 가운데 시작된다는 것입니다.

나면서부터 우리가 가진 하나님 앞에서의 교만

최초의 인간은 자신을 지으신 하나님에 대한 인식과 더불어 자신이 하나님의 피조물임을 생생하게 인식했습니다. 그러한 인식 속에서 자유와 만족, 기쁨과 같은 모든 것을 갖고 누렸습니다. 그런데 옛 뱀, 곧 사탄이 그것을 흔드는 유혹을 한 것입니다. 특히 사탄이 최초의 인간에게 '하나님과 같이 될 수 있다'라고 유혹한 것은 인간이 피조물이라는 사실을 망각하게 한 것이었습니다. 그것은 마치 인간이 피조물 이상의 존재가 되어 선악을 규정하면서 행동할 수 있다고 말한 셈입니다. 이러한 사탄의 미혹은 지금도 예수를 만나기 전 모든 사람이 갖고 있는 것입니다. 그들은 자신이 판단자이기 때문에 자신이 피조물이라고 생각하지 않습니다. 이것이 바로 최초의 인간인 아담으로부터 시작해 아담 안에 태어난 모든 인간이 가지고 있는 조건입니다.

이처럼 사탄은 겸손을 깨뜨리는 일을 그때부터 하기 시작했습니다. 사탄의 유혹 속에는 여러 가지 복합적인 죄의 모습이 포함되어 있지만, 거기에는 교만이라는 죄가 분명히 있습니다. 그래서 타락한 인간의 특징적인 모습 중에는 자신이 하나님이 되어 살려는 모습, 스스로 옳고 그름을 결정하여 행하려는 모습, 다른 대상보다 자기가 높아지려고 하는 모습이 있는 것입니다. 그런 교만은 타락한 인간의 특징으로서 모든 사람이 마치 본능처럼 드러내는 것이 되었습니다. 그런 면에서 이 세상에는 교만하지 않은 인간이란 존재하지 않습니다. 무엇보다 자신에게는 구세주가 필요하지 않다고 말하는 것이야말로 그 사람이 기본적으로 교만하다는 증거입니다.

모든 인간은 나면서부터 이런 교만을 가지고 있습니다. 성경이 말하는 교만은 다른 사람보다 월등한 위치에 올라가는 것이 아니라, 하나님이 필요 없다고 하면서 스스로 판단하며 행하고자 하는 것을 말합니다. 이같이 교만은 하나님과의 관계 속에서 시작되는 것입니다.

결국엔 꺾일 수밖에 없는 우리의 교만

교만은 하나님 없이 자신이 선악의 결정권자요, 삶의 책임자처럼 살려고 하면서 우월감을 드러내려 하지만, 결국 그러한 교만은 비교 대상이 없어도 열등감으로 이어지게 됩니다. 왜냐하면 인간은 교만 속에서 갖는 우월감을 끝까지 유지할 힘이 없기 때문입니다.

모든 인간은 쇠하여 결국 죽음으로 나아갑니다. 그리하여 인간은 자신보다 더 우월한 대상과 존재를 대면하게 됩니다. 바로 하나님입니다. 누군가는 이 세상에서 비교할 대상이 없을 만큼 최고의 경지에 올랐다 하더라도 결국 하나님이 그 사람의 교만을 꺾으십니다. 물론 그는 죽음을 통해 하나님을 대면하게 되겠지만, 그에 앞서 하나님은 교만한 그를 꺾으셔서 열등감을 느낄 상황으로 떨어뜨리십니다.

대표적인 예로 바벨론 제국을 이룬 느부갓네살 왕을 들 수 있습니다. 그는 앗시리아를 무너뜨리고 광대한 바벨론 제국을 세웠습니다. 요한계시록에서도 세상을 상징하는 것으로 바벨론을 말할 만큼 느부갓네살 왕은 대제국을 이루었습니다. 그때 그는 자신을 능가할 사람이 아무도 없다고 할 만한 상황에 있었습니다. 그는 누구라도 멀리서 볼 수 있는 굉장히 커다란 금신상을 두라 평지에 만들어 거기에 모두 다 절하게 했습니다. 그렇게 제국 안에 있는 모든 나라를 자기 발아래 두었다고 할 수 있는 어느 날, 그는 바벨론 왕궁의 지붕을 거닐면서 자신에게 말했습니다.

"이 큰 바벨론은 내가 능력과 권세로 건설하여 나의 도성으로 삼고 이것으로 내 위엄의 영광을 나타낸 것이 아니냐"(단 4:30).

이렇게 교만하게 말하는 그를 꺾을 사람은 아무도 없었습니다. 감히 누가 바벨론 제국의 황제에게 잘못됐다고 하면서 그 교만을 꺾을 수 있었겠습니까? 그런데 그 일을 하나님이 직접 하셨습니다. 물론 하나님은 그와 같은 일을 섭리 속에서 하십니다.

느부갓네살 왕의 교만한 말에 대해 성경은 뒤이어 이렇게 기록하고 있습니다.

"이 말이 아직도 나 왕의 입에 있을 때에 하늘에서 소리가 내려 이르되 느부갓네살 왕아 네게 말하노니 나라의 왕위가 네게서 떠났느니라 네가 사람에게서 쫓겨나서 들짐승과 함께 살면서 소처럼 풀을 먹을 것이요 …"(단 4:31-32).

그는 실제로 그렇게 되었습니다. 그리하여 그는 한동안 왕위에서 물러나 있었습니다. 그리고 그 뒤로 벨사살 왕에게도 비슷한 일이 있었습니다. 그가 잔치 중에 교만하게 예루살렘 성전에서 가져온 잔으로 마실 때, 벽에 손가락이 나타나 "메네 메네 데겔 우바르신"이라고 쓰는 것을 보고 마음이 무너지는 경험을 했습니다. 왜냐하면 하나님께서 그 글자의 뜻대로 '너를 저울에 달아 보니 부족함이 보였다' 하시고 그날 밤에 그를 죽게 하셨기 때문입니다. 하나님이 그렇게 하신 것입니다.

바벨론 제국의 왕이 짐승처럼 풀을 뜯는 경험을 했다는 것이 우리로서는 이해되지 않을 수도 있지만, 이것이 바로 하나님이 하시는 일입니다. 누구든지 교만하게 되면 그의 인생 중에 반드시 열등감을 느끼는 처지를 경험하게 됩니다. 여기에는 누구도 예외가 없습니다. 교만한 자를 낮추시는 하나님이 계시기 때문입니다.

교만과 열등감, 우리가 앓아 온 뿌리 깊은 질병
그런데 혹시 열등감 같은 것은 모르고 살았다고 말할 사람이 있습니까? 그 말은 곧 나는 교만을 모르고 살았다는 말인데, 인간은 그럴 수가 없습니다. 자신이 자각하지 못할 뿐 인간은 누구나 교만할 수 있습니다. 특히 예수 믿기 전까지 모든 인간은 하나님 없이 스스로 살려는 교만을 기본적으로 갖고 있습니다.

뿐만 아니라 교만하게 행하는 자는 우월감으로 끝나지 않고, 우월감과 연결된 열등감을 언젠가는 느끼게 됩니다. 그래서 열등감을 느끼지 않는 사람은 없는 것입니다. 또한 예수 믿고 나서도 교만의 유혹을 받게 되면 얼마든지 열등감을 가질 수 있습니다. 우월감을 느끼다가도 상대적인 박탈을 경험하면서 열등감을 느끼는 것입니다. 우월감을 느낄 수 있는 상태가 지속되지 않는 상황과 조건, 지위를 언제든지 경험할 수 있고, 또 그러한 변화를 실제로 경험함으로써 열등감을 느끼는 상태에 이르는 것입니다.

이처럼 교만은 파괴적이며 무엇보다도 하나님을 대적하는 것이기에 성경은 하나님께서 교만을 물리치시고 그런 자를 낮추신다고 거듭 경계하는 것입니다. 특히 예수 믿는 우리에게 교만을 경계하고, 그와 반대되는 겸손을 가질 것을 계속해서 강조합니다. 하나님이 어떤 분이신지 인식하고, 그분 앞에서 자신이 어떤 자인지를 알고 겸손할 것을 계속적으로 권하는 것입니다.

물론 예수를 믿어도 겸손은 쉬운 것이 아닙니다. 우리는 평생 씨름해야 합니다. 그래서 성경은 겸손을 이론이 아닌, 우리 삶의 경험과 연결해서 자주 말합니다. 예를 들어 빌립보교회 성도들은 서로를 비교하면서 다투었습니다. 그것은 결국 그들이 교만하게 행하는 가운데 우월과 열등의식이 있었다는 것을 시사합니다. 그때 바울이 그들에게 말한 것이 무엇이었습니까?

"아무 일에든지 다툼이나 허영으로 하지 말고 오직 겸손한 마음으로 각각 자기보다 남을 낫게 여기고"(빌 2:3).

바울은 겸손을 말하면서 결국 예수 그리스도께서 근본 하나님의 본체이시지만 죽기까지 자신을 낮추셨다는 것과 연결해서 말합니다.

"그는 근본 하나님의 본체시나 하나님과 동등됨을 취할 것으로 여기지 아니하시고 오히려 자기를 비워 종의 형체를 가지사 사람들과 같이 되셨고 사람의 모양으로 나타나사 자기를 낮추시고 죽기까지 복종하셨으니 곧 십자가에 죽으심이라"(빌 2:6-8)

고린도교회 역시 은사의 우열을 얘기하면서 영적인 교만을 드러냈습니다. 어떤 사람은 남들이 알지 못하는 지식을 자랑하면서 우월감을 드러내기도 했습니다. 그야말로 영적인 것에서도 우월감과 열등감을 서로 드러내었던 것입니다. 그런 그들에게 바울은 고린도전서 13장에 사랑에 대해 풍성히 말하면서 "사랑은 자랑하지 아니하며 교만하지 아니하며 …"(고전 13:4)라고 했습니다. 이것은 무엇을 의미할까요? 그는 사랑을 말하는 중에 겸손이 있는 사랑을 얘기한 것입니다. 그들은 비록 예수를 믿는 자들이었음에도 불구하고 영적인 은사나 신앙 행위 속에서 자신이 높아지려는 교만으로 우월감과 열등감을 드러내었던 것입니다. 그로 인해 자신은 물론이고 다른 사람까지 상하게 하면서 고린도교회는 매우 혼란스러웠습니다. 그래서 바울은 그와 같은 파괴적인 열등감과 우월감을 불러일으키며 교만을 드러냈던 그리스도인들에게 그렇게 말한 것입니다. 겸손함으로 각각 자기보다 남을 낮게 여기고 예수 그리스도처럼 행하라고 말입니다. 또한 교만하지 않고 겸손이 있는 사랑을 말함으로써 우월감과 열등감에 대한 해결책으로 사랑이 더해진 겸손을 얘기한 것입니다.

우리를 겸손하게 하시는 지속적인 성령의 사역

혹시 겸손이 너무 어려워 거기서 멈추고 더 이상 진보하지 않으려는 사람이 있을지도 모르겠습니다. 물론 겸손은 어렵습니다. 특히 우리가 사는 이 시대가 겸손한 태도를 바보 취급하면서 용납해 주질 않기 때문입니다. 그러나 예수 믿는 우리는 겸손할 이유를 분명히 알고 갖습니다. 본문은 겸손을 새사람 된 자, 곧 하나님의 형상이 회복된 모든 그리스도인이 알고 갖는 것으로 말합니다. 그렇습니다. 우리는 하나님 앞에서 피조물일 뿐만 아니라 멸망 받을 수밖에 없는 죄인이었습니다. 그야말로 하나님의 주권적인 긍휼과 은혜가 아니면 열등감 속에서 살 수밖에 없던 자들이었습니다. 그런 우리를 하나님께서 구원하여 새사람이 되게 하신 것입니다.

그런데 본문에서 우리가 주목해야 할 사실이 있습니다. 그것은 새사람 된 우리가 사랑과 함께 겸손을 자동적으로 갖는 것으로 말하지 않고, 성령의 지속적인 새롭게 하심 속에서 갖는 것으로 말한다는 것입니다. 빌립보서 2장에서 말하듯이 우리는 예수 그리스도의 낮아지심을 통해 구원을 얻었기 때문에 겸손할 이유를 예수 그리스도와 연결해서 알고 갖습니다. 그야말로 자신을 한없이 낮추신 주님을 본받아 겸손을 가질 것을 우리에게 권하는 것입니다. 물론 그것은 성령의 새롭게 하심 속에서 지속적으로 배우고 갖는 것입니다.

우리는 어려서부터 남보다 우월해지려는 경쟁 속에서 자라 왔고, 그것을 부추기는 부모와 사회 분위기 속에서 살아왔습니다. 그러면서도 우리는 그 기저에 있는 교만이나 열등감으로 자신과 다른 사람을 힘들게 하는 것에 대해서는 잘 몰랐습니다.

성경은 그런 우리에게 높이를 측량할 수 없는 하나님께서 자신을 낮추셔서 피조물이요, 죄인인 우리를 사랑하고 구원하셨다는 사실을 말하면서 그 가운데 겸손을 얘기합니다. 쉽게 교만해지는 우리에게 우월감과 열등감을 불러일으키는 교만 대신 겸손함으로 그것에 얽매이지 않고 자유로운 삶을 살도록 말씀하시는 것입니다. 한없이 높으신 주님이 이 땅에 사실 때 겸손함으로 우월감이나 열등감에 얽매이지 않고 자유로우셨던 것처럼 말입니다. 그러므로 겸손이 왜 우리로 하여금 우월감이나 열등감에 빠지지 않고 오히려 자유롭게 하는지 알고 싶다면, 이 땅에 사셨던 예수 그리스도를 보십시오.

성령께서는 끝없는 교만의 유혹 속에서 자신과 다른 사람을 힘들게 할 수 있는 우리를 유혹에 빠지지 않도록 계속해서 새롭게 하십니다. 그때 성령께서는 우리가 하나님의 사랑을 받은 자라는 사실과 함께 그리스도께서 자신을 한없이 낮추셔서 우리를 사랑하신 사실을 보고 따르도록 계속해서 우리에게 말씀하십니다. 그러므로 이러한 성령의 지속적인 새롭게 하심과 이끄심을 따르십시오. 그러면 열등감의 유혹에 빠지지 않을 것입니다. 겸손한 자는 결코 열등감에 쉽게 빠지지 않습니다.

성령 하나님은 예수 믿는 우리를 교만하지 않고 겸손하도록 이끄시는 분입니다. 그러므로 우리는 그렇게 이끄시는 성령을 기꺼이 따르고자 해야 합니다. 성령께서 우리를 겸손으로 이끄시는 역사는 다른 것이 아닙니다. 그것은 하나님의 말씀을 통해 우리가 어떤 자인지를 잊지 않도록 계속해서 말씀해 주시는 것입니다. 피조물이요, 멸망할 수밖에 없는 죄인이었던 우리를 예수 그리스도께서 기꺼이 자신을 낮추시며 자신을 내어 주신 사랑 안에서 구원하셨다는 사실을 잊지 않도록 하시는 것입니다. 성령께서는 우리가 구원받은 새사람이라는 사실과 하나님의 사랑을 받는 자임을 잠시라도 잊으면 이처럼 말씀을 통해 그 사실을 상기시켜 주십니다. 겸손할 것을 계속 권해 주십니다. 하나님 없이 내가 기준자가 되어 교만하게 살지 않도록 우리를 계속 비추십니다. 예수 믿는 자는 그러한 과정을 말씀 안에서 계속 경험하기 때문에 유혹을 받아도 교만한 상태를 지속하기 어렵습니다. 성령의 지속적인 역사 때문에 말입니다.

피조물인 우리는 얼마나 유한한 존재입니까? 우리가 자신감이 있을 때는 무엇이든 다 할 수 있을 것처럼 보이지만, 사실 인간은 뜻밖에도 쉽게 죽는 존재입니다. 계단을 헛디뎌 굴러 넘어져 죽기도 하고, 의자에 올라가 천장의 전구를 교체하다가 떨어져 죽기도 합니다.

우리는 우리의 힘으로 살 수 있다고 생각하지만, 실상은 그렇지 않습니다. 유한한 피조물일 뿐만 아니라 죄인으로서 죽음을 맞이할 수밖에 없는 존재임을 알면 우리는 결코 교만할 수 없습니다. 그런데 사탄은 우리가 이 사실을 망각하도록 합니다. 하와에게 했듯이 우리에게도 똑같은 일을 하는 것입니다.

겸손의 복됨

우리는 모두 겸손에 관해서는 많은 결핍을 갖고 있습니다. 그래서 겸손은 우리가 일평생 끝없이 배우며 씨름할 내용입니다. 이러한 사실을 거부해서는 안 됩니다. 왜냐하면 우리에게는 교만하지 않고 겸손할 이유가 충분하기 때문입니다.

무엇보다도 우리는 겸손할 때 특이한 경험을 합니다. 바로 교만이 불러일으키는 파괴적인 우월감과 열등감에 빠지지 않는 것입니다. 그뿐 아니라 하나님께서 높이시는 것도 경험합니다. 하나님은 겸손한 자를 마냥 내버려 두지 않으십니다. 반드시 관여하셔서 언젠가는 그 사람을 높이십니다.

우리는 겸손을 통해 장래의 삶도 미리 경험하게 됩니다. 우리 몸에 맞는 옷을 준비하듯이 장래의 삶을 준비하는 것입니다. 예수 믿는 자가 이 땅에 살면서 성령의 새롭게 하심 속에서 겸손을 배우며 나아가는 것은 바로 그러한 삶을 준비하는 것입니다.

여러분은 장차 완성될 하나님 나라의 삶이 어떤 것인지 알고 있습니까? 거기에는 교만이라는 죄가 없고, 교만한 사람도 없습니다. 당연히 열등감 같은 것도 없고, 열등감을 느끼는 사람도 없습니다. 거기에는 타락하기 전에 있었던 것 곧 자신이 하나님으로부터 지음 받은 존재이며 값없이 은혜로 구원받은 자임을 알고, 그러한 자신을 하나님과의 관계 속에서 보며 만족하며 사는 것만 있습니다. 그야말로 모든 사람이 예외 없이 사랑이 더해진 겸손을 갖고 사는 것입니다. 그러한 삶을 하나님은 우리로 하여금 이 땅에서부터 연습하게 하십니다. 죄에서 구원하여 그의 형상을 회복한 그리스도인들에게 말입니다. 다른 사람의 판단에 좌우되거나 흔들리지 않고, 오직 하나님과의 관계 속에서 자신을 보며 그것으로 만족하며 사는 겸손의 삶을 바로 이 땅에서부터 경험하게 하시는 것입니다. 그래서 우리는 이 땅에서부터 겸손을 미리 경험해야 합니다. 완성될 하나님 나라에서 살게 될 사람 중에는 이러한 사실을 모르고 가는 사람은 아무도 없습니다.

우리에게 익숙하지 않은 그것을 연습하자

이 땅을 사는 동안 우리는 겸손보다는 오히려 교만하려는 것을 쉽게 경험할 수 있습니다. 그러나 그런 경험 속에서도 우리는 겸손해야 할 이유를 분명히 알고 행하는 것을 경험하고 연습해야 합니다. 누군가 자신보다 잘 되거나 뛰어난 모습으로 인해 흔들리거나 또는 반대로 자신이 누구보다 못하는 것으로 흔들리는 것이 아니라, 오직 하나님과의 관계 속에서 자신을 보고 겸손히 행함으로써 흔들리지 않고 오히려 만족하는 것을 경험해야 합니다. 특히 유한한 피조물이요, 죄인이었던 나를 사랑하신 하나님과의 관계 속에서 자신을 봄으로써 그렇게 해야 합니다. 나에게 열등감을 느끼게 할 만한 그 어떤 대상도 나를 사랑하시는 하나님과는 비교되지 않는다는 것을 알고, 언제나 그러하신 하나님과의 관계 속에서 자신을 보고 만족하는 것이 겸손의 출발입니다. 우리는 그러한 경험을 이 땅에서부터 풍성하게 가져야만 합니다.

물론 열등감을 느끼지 않을 수 있는 일상적인 길로서의 겸손은 쉬운 일이 아닙니다. 우리가 인지하지 못할 정도로 교만한 모습이 얼굴과 표정에서 드러날 때가 많고, 자신도 모르게 겸손보다는 교만에 더 익숙하기 때문입니다. 그럼에도 불구하고 우리는 계속해서 겸손을 연습하고 실천해야 합니다. 그것이 완성될 하나님 나라의 삶의 기본적인 내용이기 때문입니다.

그러므로 우리는 기꺼이 겸손하고자 하면서 하나님과의 관계 속에서 자신을 보아야 합니다. 그렇게 함으로써 열등감을 극복할 뿐만 아니라, 장래의 삶을 이 땅에서부터 연습하며 살 수 있길 소망합니다.

이 장의 요약

- 겸손은 사랑과 함께 우월감과 열등감을 이기는 구체적이면서도 적용적인 신앙 덕목이다.
- 성경이 말하는 겸손은 하나님에 대한 인식과 그분 앞에서 자신을 보면서 드러내는 반응이다.
- 자신에게는 구세주가 필요하지 않다고 말하는 것이야말로 교만하다는 증거이다.
- 누구든지 교만한 자는 열등감을 느끼는 처지를 경험하게 되는데, 교만한 자를 낮추시는 하나님이 계시기 때문이다.
- 성경은 우리가 교만 대신 겸손함으로써 우월감과 열등감에 얽매이지 않는 자유로운 삶을 살도록 말씀하신다.
- 우리가 겸손할 때 하나님이 높이시는 것을 경험하게 된다.
- 우리는 하나님 나라의 삶의 기본적인 내용인 겸손을 이 땅에서부터 연습하고 경험해야만 한다.

7

열등한 존재가 아닌
하나님과의 관계 속의 나

예수께서 여리고로 들어가 나가시더라 삭개오라 이름하는 자가 있으니 세리장이요 또한 부자라 그가 예수께서 어떠한 사람인가 하여 보고자 하되 키가 작고 사람이 많아 할 수 없어 앞으로 달려가서 보기 위하여 돌무화과나무에 올라가니 이는 예수께서 그리로 지나가시게 됨이러라 예수께서 그 곳에 이르사 쳐다보시고 이르시되 삭개오야 속히 내려오라 내가 오늘 네 집에 유하여야 하겠다 하시니 급히 내려와 즐거워하며 영접하거늘 뭇사람이 보고 수군거려 이르되 저가 죄인의 집에 유하러 들어갔도다 하더라 삭개오가 서서 주께 여짜오되 주여 보시옵소서 내 소유의 절반을 가난한 자들에게 주겠사오며 만일 누구의 것을 빼앗은 일이 있으면 네 갑절이나 갚겠나이다 예수께서 이르시되 오늘 구원이 이 집에 이르렀으니 이 사람도 아브라함의 자손임이로다 인자가 온 것은 잃어버린 자를 찾아 구원하려 함이니라(눅 19:1-10).

열등감을 더 크게 느끼게 하는 현실적인 조건들

마지막으로 우리는 지금까지 다뤄 왔던 열등감의 문제를 구체적인 사례를 통해 살펴보고자 합니다. 바로 본문에 등장하는 삭개오의 사례입니다. 삭개오는 열등감 속에서 사는 사람의 모습을 두드러지게 보여 줍니다. 당시 사람들의 시각에서도 그랬겠지만, 오늘날 우리의 시각에서도 삭개오는 열등감을 크게 느낄 수 있는 사람이었습니다. 왜냐하면 그는 당시 모든 사람에게 편견의 대상이었던 세리라는 직업을 가지고 있었고, 또 나무에 올라가야만 예수님을 볼 수 있을 정도로 키가 작은 신체 조건을 가지고 있었기 때문입니다.

이미 말한 대로 죄악으로 훼손되고 왜곡된 하나님의 형상을 지닌 인간은 삶의 다양한 배경과 조건 속에서 열등감을 가질 수 있습니다. 어떤 사람과 비교할 때 약점이나 문제가 상대적으로 없거나 사람들이 무시할 만한 것이 없어도, 자신이 하나님이 되어 살려는 인간은 열등감 속에 사는 것이 자연스럽습니다. 그런데 본문에 등장하는 삭개오는 그런 근본적인 인간 조건과 함께 모든 사람이 자신을 부정적으로 보고 무시하는 조건을 더하여 갖고 있었습니다.

삭개오를 향한 정죄와 미움, 무시

본문에는 삭개오를 묘사하는 여러 가지 내용이 나옵니다. 먼저 그의 이름은 '순결'이라는 뜻을 갖고 있습니다. 이것은 그의 부모가 그에게 어떤 마음과 기대를 가졌는지를 보여 줍니다. 또 그는 세리장이고 부자였다고 말합니다. 그리고 예수님께서 삭개오의 집에 들어가신 것을 보고 사람들이 죄인의 집에 들어갔다고 말하는 것을 보면, 사람들이 그를 죄인으로 단정지었다는 것도 알 수 있습니다. 또 10절에서 예수님은 삭개오를 잃어버린 자라고 말씀하셨습니다.

이런 삭개오에 대한 정보 중에서 그나마 긍정적인 것은 그의 이름이 가진 뜻입니다. 그러나 그의 삶이 순결이라는 이름의 뜻과는 너무나도 달랐기 때문에 그의 이름조차도 오히려 부정적으로 인식됩니다. 마치 하나님을 찬양한다는 의미를 가진 '유다'라는 이름이 '가룟 유다' 때문에 부정적으로 인식되는 것처럼 말입니다.

삭개오의 부모는 자신이 낳은 아들이 히브리 사람들의 전통대로 8일 만에 할례를 받을 때 순결이라는 뜻을 가진 삭개오로 이름을 지었습니다. 그러나 현재 삭개오의 모습은 순결이 아니라, 모두가 죄인으로 취급하는 사람이 되어 있습니다. 그는 세리가 되어 로마 제국의 앞잡이 노릇을 하면서 거두어들인 세금으로 부를 이루며 살았습니다.

당시 세리들은 로마가 거두고자 했던 액수 이상을 거두었는데 로마는 이 부분에 대해 간섭하지 않았습니다. 그래서 그들은 로마가 원하는 액수보다 더 많이 세금을 거두어 자신의 필요를 챙겼던 것입니다. 특히 삭개오가 있는 여리고는 상거래가 활발했던 지역으로 수출과 수입의 중요한 거점이었기 때문에 세수가 컸던 세관이었습니다. 삭개오는 바로 그런 지역의 세리장으로서 세금을 징수하는 세리들을 두면서 세관 업무와 관련된 모든 것을 관할하는 우두머리였습니다. 데이비드 E. 갈란드(David. E. Garland)는 로마가 통행세와 관세, 사용세 등의 간접세 거두는 일을 경매로 붙여서 최고 입찰자에게 그 일을 맡기는 방식을 취했다고 합니다.[14] 그렇다면 삭개오는 개인으로 입찰해서 그 일을 따낸 뒤 세리들을 모았거나, 아니면 여러 사람과 한 팀으로 입찰해서 그가 대표가 되었을 수도 있습니다.

우리는 삭개오가 어떻게 세리장이 되었는지는 정확하게 알 수 없지만, 그가 로마 제국이 세금을 거두어들이는 일에 앞장서서 더 많은 세금을 거두어들이며 부자가 되었다는 사실은 알 수 있습니다. 본문은 삭개오를 세리장이라고 말한 뒤에 곧바로 부자라고 덧붙이고 있는 것입니다. 그는 정상적인 방식이 아닌, 자기 자신을 위해 동족으로부터 더 많은 세금을 거두어 로마에 바치는 매국노 역할을 하면서 부자가 되었습니다. 그래서 사람들은 삭개오와 같은 세리를 창녀들과 함께 묶어서 죄인 취급했던 것이죠.

어떤 책에서는 예수님 당시의 세리를 과거의 친일파와 같은 인간으로 묘사하기도 합니다. 일제 강점기에 일본의 앞잡이가 되어 나라를 팔아먹고 국민들을 억압하며 일본을 위해 일했던 사람들처럼 말입니다. 그런 식으로 생각하면 삭개오에 대한 사람들의 편견이 우리에게는 금방 와 닿을 수 있습니다. 그러나 저는 예수님 당시 세리에 대해 가졌던 편견이나 반감이 우리가 일제 강점기 친일파에게 가진 편견과 반감보다 더 강했을 것이라고 생각합니다. 왜냐하면 그들은 종교적이고 신앙적인 판단과 정죄까지 더하여 세리를 대했기 때문입니다. 사람들이 삭개오를 죄인으로 정죄하면서 대했다는 것이 그것을 시사합니다. 그래서 예수님이 삭개오를 받아주시면서 그의 집에 들어가신 사실만으로도 사람들은 수군거렸습니다. 예수님이 그런 사람들과 상종하는 것을 문제시한 것입니다.

"뭇 사람이 보고 수군거려 이르되 저가 죄인의 집에 유하러 들어갔도다 하더라"(눅 19:7).

자신을 공개적으로 죄인 취급하는 것을 경험하며 살아왔을 삭개오를 한번 생각해 보십시오. 그는 자신의 동족으로부터 공개적으로 정죄와 무시를 받으며 살아왔습니다. 그것도 그를 보는 사람마다 항상 말입니다.

또 그는 군중 속의 누군가를 보려면 나무에 올라가야 할 정도로 키도 작았습니다. 그것을 보면 그가 어려서부터 신체적인 조건 때문에 어려움을 겪으며 살아왔을 것이라고 충분히 예상할 수 있습니다. 어쩌면 그런 경험 때문에 그는 열등감 속에서 매국노가 되어서라도 성공하려고 했을지도 모릅니다. 이처럼 삭개오는 인간이 근본적으로 열등감을 느낄 수 있는 조건에서 한 걸음 더 나아가 자신의 신체적 조건이나 사회적 조건에서 열등감을 더욱 크게 느끼며 살아왔을 것입니다.

부자가 된 삭개오는 열등감을 극복했는가?

앞에서 언급한 바와 같이 심리학자 아들러는 열등감을 극복하려는 보상 심리가 결국 개인의 성장과 발달 및 인류 문화를 이끄는 원동력이 될 수 있다고 주장합니다. 그는 이렇게 말합니다. "우리는 열등감 자체는 정상(正常)과 다르지 않다고 말합니다. 그것은 인류가 이루어 낸 모든 진보의 원인입니다. … 실제로 나는 인간의 모든 문화는 열등감에 바탕을 둔다고 생각합니다."[15] 또 그의 주저인 『삶의 과학』이라는 책에서는 이렇게 말합니다. "우리 모두 열등감을 갖고 있다. 그러나 열등감은 병이 아니다. 오히려 건강하고 정상적인 노력과 발전에 자극제가 될 수 있다."[16]

물론 인간의 경험 속에는 그런 면이 있습니다. 심리학자들은 인간이 열등감을 극복하기 위해 뭔가를 이루고 성공한 것을 보상 심리 또는 보상에 대한 욕구 차원에서 설명합니다. 세상도 열등감을 극복하고 성공한 사람들을 높이면서 그것을 모범적인 사례로 말하기도 합니다. 그러나 그것이 과연 열등감을 극복한 것이라고 말할 수 있을까요? 삭개오의 사례에서 보듯이 그가 열등감에 대한 보상 심리로 외적인 성공을 이루었어도 죄가 해결된 것은 아니었습니다. 그렇기 때문에 열등감이 해결된 것이라고 말할 수는 없습니다.

열등감은 성공해서 자신의 상황이 바뀐다고 사라지는 것이 아닙니다. 열등감을 느끼는 '나'라는 존재 자체가 바뀌지 않는다면 말입니다. 비록 뭔가를 성취하고 새로운 국면을 맞이해도 누군가가 나에게 열등감을 느끼게 하는 말과 행동과 태도를 보이면, 우리는 또 다시 열등감을 느끼게 됩니다. 삭개오를 보십시오. 그는 분명 세리장이요, 부자입니다. 뭔가를 이루었고 자신이 얻고자 한 것을 얻었기 때문에 어떤 면에서는 열등감을 극복한 것처럼 보입니다. 그러나 그가 예수님을 만남으로써 바뀐 것을 볼 때, 그가 예수님을 만나기 전까지는 영혼의 안식이 없었다는 것을 알 수 있습니다. 그는 여전히 내면의 공허함과 굴절된 것들을 갖고 있었던 것입니다. 이것은 심리학자들의 분석대로 열등감을 극복하기 위한 보상 욕구로는 열등감이 근본적으로는 해결되지 않음을 보여 주는 예입니다.

자신에게 있는 여러 가지 핸디캡과 연약함 때문에 어려서부터 사람들에게 놀림을 당하고, 또 그로 인해 열등감을 느끼는 것에 대해 세상은 그것을 인간이 가진 심리적 욕구나 삶의 경험으로만 여길 뿐 그 이상은 말하지 않습니다. 그러나 여기서 먼저 알아야 할 사실은 보상 욕구의 지속적인 분출로는 열등감이 근본적으로 해결되지 않는다는 것입니다. 그것은 그저 열등감과 우월감 사이를 오가면서 내면의 공허함만 계속 갖는 것입니다.

열등감은 성공으로도 덮을 수 없다

여러분 주변을 한번 보십시오. 자신이 원하는 것을 얻고, 이르고자 하는 지위에 올랐다고 해서 더 이상 열등감을 느끼지 않는 사람을 보셨습니까? 거기서 열등감을 해결하고 극복한 모습으로 사는 것을 봤느냐는 말입니다. 그런 일은 없습니다. 열등감을 극복하기 위해 지금보다 더 노력해서 무언가를 이루어도 열등감은 결코 해소되지 않습니다. 그럴 수밖에 없는 것은 열등감을 극복하기 위해 힘써 무언가를 얻고 이루어도 그것은 상대적인 것일 뿐, 우리는 거기서 더 얻고자 하는 것을 계속 대면하면서 비교 대상자를 만나기 때문입니다. 인간의 교만은 그런 욕구를 끝없이 부추기는 가운데 결국 열등감에서 벗어나지 못하게 합니다. 그래서 우리가 무언가를 얻고 다 이루었다고 해도 열등감은 결코 사라지지 않는 것입니다. 어느 순간 열등감을 극복한 것처럼 보여도 또 다른 국면에서 우리는 열등감을 경험하며 살게 되는 것입니다. 그렇게 인간은 사는 동안 상대적인 우월감과 열등감을 일평생 마주합니다.

흥미롭게도 인간은 열등감을 좇아 무언가를 얻고 이루었다고 생각할 때 오히려 이전에는 생각하지 못했던 공허함을 더 크게 느낄 수 있습니다. 우리는 자신이 이루고자 한 것을 이루어 성공하면 그동안 자기 내면에서 느꼈던 열등감에서 벗어날 수 있을 거란 기대를 종종 갖습니다. 그러나 막상 그러한 상태에 이르면 그러한 기대와는 달리 오히려 상대적인 박탈감 속에서 더 커다란 공허함을 느끼게 됩니다. 이것은 영혼의 안식이 없는 조건에서는 보상 욕구만으로 열등감이 근본적으로 해소되지 않음을 말해 주는 것입니다. 결국 일시적으로 보상 욕구를 채운 결과만 된 것입니다.

하나님께도, 사람들에게도 '잃어버린 자'였던 삭개오

물론 그런 조건에서도 순간순간 자기 만족 속에 즐거워하며 살 수도 있습니다. 그러나 열등감과 우월감을 오가면서 사는 인생의 전체 방향은 분명 안식이 없는 삶입니다. 거기에는 결국 '삶의 덧없음'만 있을 뿐입니다. 전도서 기자가 해 아래에서의 삶을 헛되고 헛되다고 말했을 때 그 '헛됨'이 바로 덧없다는 말입니다. 그래서 인생의 헛됨을 좀 더 부정적으로 겪고 경험하는 것을 강조한 말입니다.

우리는 본문의 삭개오가 그런 상태에 있었음을 보게 됩니다. 세리장이라는 지위를 갖고 부자가 되었지만, 그에게는 신체적인 열등감과 사회적인 열등감 속에서 채워지지 않는 내면의 공허함, 곧 영혼의 안식이 없었습니다. 그것을 예수님은 본문 10절에서 '잃어버린 자'로 표현하신 것입니다.

"인자가 온 것은 잃어버린 자를 찾아 구원하려 함이니라"(눅 19:10).

이 세상에는 자신이 그런 상태에 있으면서도 자각하지 못하고, 열등감 속에서 뭔가 열심을 내며 살아가는 사람들이 많습니다. 예수님은 그런 내적 조건을 가지고 사는 인간의 모습을 '잃어버린 자'로 말씀하신 것입니다.

여기서 '잃어버린'이란 말은 그 사람에게 있는 모든 것이 하나님 보시기에는 하나도 가치 없는 상태에 있다는 의미입니다. 그가 비록 다른 사람에 비해 상대적으로 높은 지위를 갖고 안정된 삶을 누렸어도 말입니다. 그것은 결국 자기 욕구, 자기 성취와 같이 타락한 인간 조건에서 가질 수 있는 것들을 조금 더 많이 가진 것일 뿐입니다. 이처럼 주님은 그러한 인간, 즉 주님을 만나 구원 얻기 전의 모든 인간의 모습을 '잃어버린 자'로 표현하신 것입니다. 세상에서 아무리 실력이 있고 높은 지위를 가졌어도, 또 사회적인 기여와 공로로 인해 사람들의 추앙까지 받고 있어도 영혼의 안식 없이 자신의 욕구와 자기 성취가 전부인 자는 잃어버린 자입니다. 그에게 있는 것이 하나님께는 아무런 가치가 없다는 말입니다.

그런데 삭개오는 하나님에게만 잃어버린 자가 아니었습니다. 그는 사람들에게도 잃어버린 자였습니다. 왜냐하면 사람들이 그를 쓸모없는 존재로 여겼기 때문입니다. 그것은 그가 아무리 열등감을 극복하려고 애쓰며 무언가를 이루었어도 달라진 것이 없다는 것을 보여 줍니다. 그는 여전히 열등감을 느끼는 조건에 머물러 있었던 것입니다. 그런 그가 오랜 열등감과 내면의 공허함, 영혼의 안식이 없는 삶에서 어떻게 벗어날 수 있었을까요?

'잃어버린 자'를 찾아 구원하시는 주님

삭개오는 예수님이 여리고에 오셨다는 소식을 들었습니다. 그동안 예수님을 소문으로 들었던 삭개오는 예수님이 여리고에 오셨다는 소식을 들었을 때, 그분이 어떤 분이신지 보고 싶었습니다. 그래서 그는 예수님이 지나는 길로 나아갔습니다. 그는 키가 작아서 예수님을 볼 수 없었기 때문에, 예수님이 지나가시는 길 앞쪽에 있는 돌감람나무에 올라가서 기다렸습니다. 이러한 행동은 단순한 호기심에 따른 것이 아닙니다. 사람들에게 편견과 무시의 대상이었고, 모두가 죄인으로 대하는 그가 나무에까지 올라가 예수님을 보고자 한 것은, 어떤 면에서 보면 또 하나의 놀림감이 될 수도 있는 상황이었기 때문입니다. 그럼에도 불구하고 그가 사람들의 시선을 개의치 않고 예수님을 보고자 한 것은 그의 내면이 얼마나 목말랐는지를 잘 보여 주는 것입니다.

그런데 삭개오에게 어떤 일이 일어났습니까? 예수님은 삭개오가 올라간 나무가 있는 곳을 지나가다가 그를 보시고 '삭개오야!' 하고 부르셨습니다. 그의 이름을 직접 부르신 것입니다. 지금까지 그 누구도 인격적으로 대해 주지 않았던 삭개오를 예수님은 그의 이름을 부르시며 "내가 오늘 네 집에 유하여야 하겠다"라고 말씀하신 것입니다.

삭개오는 사람들의 편견과 무시 속에서 살아왔기 때문에 분명 열등감 속에서 자신을 지키며 살아왔을 것입니다. 그 누구에게도 선대를 기대하지 않고 스스로 살 길을 찾으려고 애쓰면서 말입니다. 그런데 예수님이 그런 그를 아시고 직접 이름을 부르시며 개인적으로 그리고 인격적으로 대하신 것입니다. 그뿐 아니라 예수님은 그동안 사람들이 피하고 싶어 했던 그의 집에까지 오시겠다고 하셨습니다.

여기서 우리는 예수님이 다른 사람들처럼 삭개오를 대하지 않으셨다는 것에 주목할 필요가 있습니다. 예수님은 다른 사람들이 삭개오를 보듯이 그렇게 보지 않으셨을 뿐만 아니라, 심지어는 삭개오가 자기 자신에 대해 생각하고 보듯이 그렇게 보고 대하지도 않으셨습니다. 다시 말하면 그를 열등한 존재로 보지 않으시고, 단지 영혼의 안식이 없는 잃어버린 존재로 보고 대하셨다는 것입니다. 이처럼 우리는 예수님이 다른 사람처럼 이런저런 편견과 기준을 가지고 우리를 보지 않으신다는 사실을 주목해야 합니다.

우리는 사람들이 보는 기준을 자기도 모르게 수용해서 그 기준으로 자신을 보며 열등감을 느낄 때가 많습니다. 그러나 주님은 우리를 열등한 존재로 보지 않으시고, 다만 하나님이 필요한 존재, 그래서 하나님이 없으면 아무 가치가 없는 존재라는 사실에 비추어 우리를 보십니다. 그리고 우리를 향해 다가오십니다. 삭개오에게 다가오셨듯이 말입니다. 그러면서 예수님은 삭개오에게 "네 집에 머물러도 되겠느냐?"라고 물어보지 않으시고, "내가 오늘 네 집에 유하여야 하겠다"라고 말씀하셨습니다. 이것은 무엇을 말하는 걸까요? 10절 말씀이 시사하듯이 잃어버린 자를 찾아 구원하시는 주님이심을 보여 줍니다.

예수님을 영접한 삭개오의 내면에 생긴 안식과 자유

삭개오는 예수님이 부르시자 급히 내려와 즐거워하며 주님을 영접하였습니다. 여러분, 삭개오의 모습을 한번 상상해 보십시오. 이 사람의 내면에 도대체 어떤 일이 벌어졌길래 그토록 즐거워하며 급히 내려왔을까요? 지금까지 열등감 속에 살아왔고, 모두가 죄인 취급했던 삭개오를 예수님은 다른 사람들과는 달리 개인적으로, 인격적으로 부르시며 다가오셨을 때, 그의 내면에 분명히 무엇인가가 일어났습니다. 그래서 예수님을 기쁨으로 영접했습니다.

우리는 예수님이 삭개오의 집에 들어가신 뒤에 그와 어떤 얘기를 나누셨는지 알지 못합니다. 그러나 이어지는 9절에서 "오늘 구원이 이 집에 이르렀으니"라고 말씀하신 것을 볼 때, 삭개오에게는 어떤 일이 일어난 것이 분명합니다. 특히 그의 반응까지 고려해 볼 때, 구원의 역사에서 일어나는 내면의 변화가 그에게 있었음을 알 수 있습니다. 물론 그의 내면의 변화는 일시적이고 감정적인 변화가 아니었습니다. 교회에 와서 말씀을 듣다가 눈물을 흘리며 감정적으로 위로를 받고 돌아간 다음, 그것으로 끝나는 그런 경험이 아니었습니다. 단순히 감정적으로 격양된 경험이 아닌, 행실로 옮기고자 할 정도로 전인격적인 변화가 생긴 것입니다. 8절 말씀이 그 사실을 잘 보여 줍니다.

"주여 보시옵소서 내 소유의 절반을 가난한 자들에게 주겠사오며 만일 누구의 것을 속여 빼앗은 일이 있으면 네 갑절이나 갚겠나이다"(눅 19:8).

이렇게 말할 정도로 자신 안에 변화가 생겼다는 것은 이전 것들이 사라지고 새로운 무언가가 그에게 있게 되었음을 보여 줍니다.

그동안 자신을 지키고 유지하기 위해 가지고 있었던 것을 내려놓고, 하나님의 말씀을 따라 행하는 것에서 영혼의 안식과 자유를 얻게 되었음을 보여 주는 것입니다. 또한 자신을 움직이고 지탱했던 것, 특히 열등감에서 벗어났다는 것도 시사해 줍니다. 삭개오는 예수 그리스도를 만나 구원을 얻음으로써 더 이상 열등감을 가질 필요가 없음을 알게 된 것입니다.

열등감 때문에 집착하던 것에서 놓이다

여기서 우리가 또 한 가지 주목해야 할 사실이 있습니다. 그것은 삭개오가 자신의 소유의 절반을 가난한 자들에게 주겠다고 말한 사실입니다. 그는 왜 여기서 자신이 가진 물질을 중요하게 언급하고 있을까요? 그것은 자신이 가진 물질이 그의 모든 것이고, 지금까지 살아온 자신을 설명해 주는 것이기 때문입니다.

그는 지금까지 자신의 핸디캡과 열등감을 극복하기 위해 세리와 매국노가 되어서라도 많은 돈을 소유하고자 했습니다. 다시 말해 그가 가진 소유에는 그의 모든 것이 녹아 있었던 것입니다. 그동안 사람들로부터 받았던 편견과 자신이 가진 열등감을 극복하기 위해 노력해서 이룬 성취와 성공, 그야말로 자신의 존재 가치를 말해 주는 그 모든 것이 그가 가진 소유에 담겨 있었던 것입니다. 지금도 많은 사람이 어렸을 때부터 열심히 공부해 더 높은 자리와 더 많은 물질을 얻고자 하는 것처럼, 삭개오도 그동안 참고 노력

했던 자신의 모든 것이 그의 소유에 녹아 있었습니다. 그런 의미가 담긴 소유를 기꺼이 내어놓았다는 것은 그가 예수 그리스도를 만남으로써 그동안 자신을 포장하고 유지하기 위해 가졌던 것 또한 내려놓고 자유롭게 되었음을 말해 줍니다. 그가 받은 구원에 포함된 영혼의 자유와 안식을 얻게 된 것입니다. 이것은 결국 열등감 속에서 살던 조건에서 벗어났다는 것을 말해 줍니다. 예수님은 그가 실제로 그러했다는 사실을 다음과 같이 말씀하셨습니다.

> "예수께서 이르시되 오늘 구원이 이 집에 이르렀으니 이 사람도 아브라함의 자손임이로다"(눅 19:9).

본문에서 우리는 세상이 아무리 죄인 취급하고 깊은 열등감에 빠져 사는 사람일지라도, 예수님은 그런 우리를 다르게 보시고 만나주신다는 사실과 함께, 그러한 예수님, 곧 구원주이신 그리스도를 만날 때 비로소 열등감에서 벗어날 수 있다는 것을 주목해야 합니다. 그렇습니다! 예수를 만나면 우리가 그동안 열등감을 극복하기 위해 추구했던 삶의 방식에서 벗어나게 됩니다. 예수 그리스도 안에서 자신을 보며 그가 우리를 보시는 대로 우리 또한 우리 자신을 보며 살게 되는 것입니다. 열등감을 느낄 이유가 전혀 없는 자라는 것을 말입니다.

그러므로 이 세상에서 자신의 힘으로 살아 보려고 하는 가운데 자신의 한계와 부족, 상대적인 박탈감 등으로 열등감을 느낀다면 예수 그리스도께로 나아오십시오. 세상 사람이나 우리가 보는 방식대로 우리를 보지 않으시고, 우리를 인격적으로 받아주시는 예수 그리스도께로 말입니다. 열등감에서 벗어나지 못하는 인생의 수고하고 무거운 짐을 예수 그리스도께 가지고 오십시오. 열등감으로 지친 자신을 주님께 의탁하십시오. 그러면 더 이상 열등감 속에 살지 않을 수 있습니다.

하나님의 사랑을 지속적으로 알리시는 성령

물론 예수를 믿어도 열등감을 느낄 때가 있습니다. 그러나 이미 앞에서 다룬 것처럼 죄에서 구원받은 자는 성령의 지속적인 사역 속에서 그런 유혹에 빠지지 않을 수 있습니다. 또한 그런 유혹에 빠진다고 해도 그런 모습을 지속적으로 갖지는 않습니다. 바로 이러한 변화가 예수 그리스도를 만남으로써 있게 된다는 사실을 우리는 본문을 통해 생각할 필요가 있습니다.

열등감 속에서 살던 사람이 처음에 그러한 상태에서 벗어나는 것과 그 사람이 지속적으로 열등감에 매이지 않고 사는 이 연속적인 모습에는 주님과 성령이 하시는 사역에 대한 중요한 내용이 있습니다. 주님은 우리가 우리 자신을 보는 방식으로 대하지 않으시는 것처럼, 성령께서도 우리가 세상 기준으로 자신을 보려고 할 때 그것이 잘못된 것임을 알게 하십니다. 그리고 우리가 하나님의 사랑을 받는 자임을 계속해서 보게 하십니다. 골로새서 3장에서 말한 것처럼 사랑받는 자로 살도록 지속적으로 이끄시는 것입니다.

이런 사실에 비추어 볼 때 열등감의 근본은 자신을 왜곡되게 보는 것이라고 할 수 있습니다. 우리가 우리 자신을 보는 이러한 잘못된 방식은 예수 믿기 전 타락한 본성에서 가졌던 시각입니다. 그런데 예수 그리스도께서 그러한 상태에서 우리를 구원하실 때 하시는 놀라운 일은 세상이 보는 방식으로 우리를 보지 않으신다는 것입니다. 또 성령께서도 그렇게 구원한 우리가 하나님의 사랑을 받는 자임을 상기시키면서 우리 또한 우리 자신을 그렇게 보게 하십니다. 회복된 하나님의 형상을 지속적으로 새롭게 하시는 것 속에서 말입니다. 이것이 바로 우리가 열등감에서 구원 얻는 것으로부터 시작해서, 더 이상은 열등감 속에서 살 이유가 없이 살아가도록 이끄시는 하나님의 중요한 사역입니다.

우리를 향한 변함없는 사랑의 시선을 보라

여러분은 열등감에서 벗어나게 하시는 성령 하나님의 이 같은 사역을 경험하고 있습니까? 혹시 열등감은 단순히 심리 현상이나 어쩔 수 없는 것으로 여기고 있지는 않습니까?

사람이 예수 믿기 전에는 열등감으로 자신을 힘들게 하고 가까이 있는 사람들에게까지 부정적이고 파괴적인 일을 합니다. 그것을 짜증과 불만, 그밖에 다양한 방식으로 드러냅니다. 어떤 경우에는 교묘하게 누군가를 힘들게 하기도 합니다. 그런데 예수를 믿고 나서도 그런 유혹과 행동이 완전히 사라지지 않고 여전히 있습니다.

그러나 성령께서는 우리가 그러한 상태에 더 이상 머물지 않도록 역사하십니다. 우리가 하나님의 사랑받는 자라는 실체로 인하여 더 이상 열등감에 빠질 이유가 없다는 것을 상기시키십니다. 하나님이 우리를 보시는 바대로 우리 자신을 보도록 말씀하심으로써 말입니다. 그렇게 함으로써 예수 믿는 자가 된 우리, 새로운 피조물이 된 우리, 하나님의 자녀가 된 우리가 그리스도 안에서 얼마나 복된 지위를 갖고 하나님의 사랑의 대상이 되었는지를 상기시키십니다. 또 우리가 그리스도와 함께한 상속자로서 장래의 영광을 앞에 둔 자인지를 보도록 쉼 없이 말씀하십니다.

그러므로 이 세상의 그 어떤 것도 자신의 문제나 핸디캡으로 보지 말고, 영원하신 하나님이 사랑하시는 자로 보면서 사십시오. 잠시라도 열등감을 느낄 유혹을 받거든 자신이 그리스도 안에서 어떤 은혜와 사랑을 받은 자인지, 즉 자신이 하나님의 사랑을 받는 자임을 기억하고 겸손과 사랑으로 행하고자 하십시오! 그렇게 말씀하시며 인도하시는 성령의 소리를 듣고 그리하라는 것입니다.

열등감은 우리에게 일평생 죄와 함께 맞물려 오는 유혹이고, 특히 교만과 함께 우리에게 다가오는 유혹입니다. 그래서 우리는 평생 교만이라는 죄와 싸우는 가운데 열등감의 유혹에 빠지지 않도록 분별하여 행해야 합니다. 특히 주님이 나를 바라보시는 방식으로 그리고 하나님이 나를 사랑하신 것을 따라서 나 자신을 봄으로써 계속해서 열등감을 물리쳐야 합니다.

이 일을 별것 아닌 것처럼 여기지 마십시오. 막상 일상으로 돌아가면 사람들은 이 문제에서 너무나도 많은 어려움을 겪습니다. 여러분이 이 책을 읽고, 얼마 지나지 않아 자신도 모르게 열등감 속에서 행하는 것을 볼 수도 있고, 또 그것을 간파하지 못한 채 그대로 드러낼 수도 있습니다. 심지어 병상에 누워 죽음을 앞두고 있는데도 과거를 떠올리며 누군가와 비교하면서 열등감을 느낄 수도 있습니다. 그럴 때 뒤이어 자연스럽게 생기는 것은 불만과 원망 등 여타의 부정적인 생각들뿐입니다. 이것이 얼마나 어리석고 슬픈 모습입니까?

성령은 그러한 우리를 지속적으로 새롭게 하시기 때문에, 우리는 열등감을 물리칠 성령의 소리에 귀 기울여야 합니다. 무엇보다도 예수 믿는 우리는 이 세상 만물을 창조하신 하나님의 사랑을 받는 자녀임을 기억해야 합니다. 우리는 그리스도 안에서 그 사랑을 받으며, 그리스도께서 이루신 모든 것을 소유한 자로서 현재를 넘어 영원한 영광으로 나아가는 자들이요, 성령에 의해 인도될 대상들입니다.

그러므로 이 사실에 비추어 자신을 보십시오. 예수님이 삭개오를 보고 행하신 것과 똑같은 일을 성령께서 현재진행형으로 우리를 향해서도 하고 계십니다. 세상이 보는 기준으로 말하거나 그 기준을 수용한 자기 생각대로가 아니라, 예수님이 삭개오를 대하듯이 그렇게 하나님께서 나를 보시고 대하신다는 사실을 기억하십시오. 그러한 사실을 가지고 자신을 보며 열등한 존재가 아닌 하나님의 사랑 받는 자로서 사십시오.

이 장의 요약

- 열등감을 느끼는 '나'라는 존재가 바뀌지 않는 한, 성공한다고 해서 열등감이 사라지는 것은 아니다.
- 보상 욕구로는 열등감이 근본적으로 해결되지 않는다.
- 열등감과 우월감을 오가며 사는 인생에는 안식이 아닌 덧없음만 있을 뿐이다.
- 삭개오는 세리장이라는 지위와 많은 재물을 가졌지만 영혼의 안식이 없었다.
- 예수님은 삭개오를 열등한 존재로 보지 않으시고, 영혼의 안식이 없는 잃어버린 자로 보고 대하셨다.
- 예수님이 삭개오를 부르셨을 때, 그의 내면에는 구원의 역사에서 일어나는 전인격적인 변화가 있었다.
- 삭개오가 자신의 존재 가치였던 소유의 절반을 가난한 자들에게 주겠다고 한 것은, 그가 영혼의 자유와 안식을 얻었을 뿐만 아니라 열등감에서도 벗어났음을 보여준다.
- 예수 그리스도를 만날 때 우리는 그동안 열등감을 극복하기 위해 추구했던 삶의 방식에서 벗어나게 된다

주

1 박순용, 『기독교 세상에 함정에 빠지다』(부흥과개혁사, 2009), 105-133.
2 윌리엄 베이커, 『인간 하나님의 형상』(생명의말씀사, 1994), 41.
3 앤서니 후크마, 『개혁주의 인간론』(부흥과개혁사, 2013), 113.
4 같은 책 재인용, 113.
5 같은 책 재인용, 124.
6 같은 책 재인용, 124.
7 폴 브라운 백, 『자기 사랑은 성경적인가』(기독교문서선교회, 1990), 157.
8 알프레드 아들러, 『오늘을 살아갈 용기, 아들러 심리학』(스마트북, 2015) 중 제3장 「열등감의 올바른 이해」를 참조하라. "열등감이란 어느 정도는 우리들 모두에게 공통적으로 존재하는 감정이다. 우리 모두는 항상 좀 더 나아지고 있다는 바람을 갖고 있기 때문이다." 85. "우리는 무엇이든 특정한 우월감을 추구하는 노력을 안이하게 공식화하려는 것이 아니다. 하지만 다양한 목표들 가운데 하나의 공통 인자인 신과 같이 되려는 노력을 발견할 수는 있다." 99. "우리는 모두 어느 정도까지는 신과 같이 되고 싶다는 의미에서 관련되어 있다. 무신론자조차도 신을 정복하려 하며 신보다 높은 존재이기를 원한다. 우리는 이 욕망이 독특하게 강한 우월 목표라는 것을 알 수 있다." 101.
9 골로새서 3장 9-10절, 에베소서 4장 22-24절 참고.
10 존 스토트, 『로마서 강해』(IVP, 1996), 290.
11 앤서니 후크마, 『개혁주의 인간론』(부흥과개혁사, 2013), 40.
12 고린도전서 13장은 사람의 방언과 천사의 말, 예언하는 능력, 모든 비밀과 모든 지식을 아는 것, 산을 옮길 만한 모든 믿음, 모든 것으로 구제하는 것, 몸을 불사르게 내어 주는 것, 오래 참음, 온유, 시기하지 않음, 자랑하지 않음, 교만하지 않음, 무례히 행치 않음, 자기 유익을 구하지 않음, 성내지 않음, 악한 것을 생각하지 않음, 불의를 기뻐하지 아니함, 진리와 함께 기뻐함, 모든 것을 참음, 모든 것을 믿음, 모든 것을 바람, 모든 것을 견딤 등을 열거하면서 이것을 모두 사랑으로 연결하고 있다.
13 앤드류 머레이, 『겸손』(총신대학교 출판부, 1977) 참고.
14 데이비드 E. 갈런드, 『강해로 푸는 누가복음』(디모데, 2018), 829.
15 알프레드 아들러, 『아들러 인생 방법 심리학』(동서문화사, 2017), 64.
16 알프레드 아들러, 『삶의 과학』(부글books, 2014), 81.

사명선언문

너희가 흠이 없고 순전하여……세상에서 그들 가운데 빛들로
나타내며 생명의 말씀을 밝혀 _ 빌 2:15-16

1. 생명을 담겠습니다
만드는 책에 주님 주신 생명을 담겠습니다.
그 책으로 복음을 선포하겠습니다.

2. 말씀을 밝히겠습니다
생명의 근본은 말씀입니다.
말씀을 밝혀 성도와 교회의 성장을 돕겠습니다.

3. 빛이 되겠습니다
시대와 영혼의 어두움을 밝혀 주님 앞으로 이끄는
빛이 되는 책을 만들겠습니다.

4. 순전히 행하겠습니다
책을 만들고 전하는 일과 경영하는 일에 부끄러움이 없는
정직함으로 행하겠습니다.

5. 끝까지 전파하겠습니다
모든 사람에게, 땅 끝까지, 주님 오시는 그날까지
복음을 전하는 사명을 다하겠습니다.

서점 안내

광화문점 서울시 종로구 새문안로 69 구세군회관 1층
02)737-2288 / 02)737-4623(F)

강남점 서울시 서초구 신반포로 177 반포쇼핑타운 3동 2층
02)595-1211 / 02)595-3549(F)

구로점 서울시 동작구 시흥대로 602, 3층 302호
02)858-8744 / 02)838-0653(F)

노원점 서울시 노원구 동일로 1366 삼봉빌딩 지하 1층
02)938-7979 / 02)3391-6169(F)

일산점 경기도 고양시 일산서구 중앙로 1391 레이크타운 지하 1층
031)916-8787 / 031)916-8788(F)

의정부점 경기도 의정부시 청사로47번길 12 성산타워 3층
031)845-0600 / 031)852-6930(F)

인터넷서점 www.lifebook.co.kr